学校現場で役立つ ワーク & 事例演習

いじめに対する援助要請のカウンセリング

「助けて」が言える子ども、
「助けて」に気づける援助者になるために

本田真大 著

金子書房

はじめに

　昨今の学校現場では深刻ないじめが絶え間なく生じており，その度に「なぜ学校はもっと早く気づけなかったのか」，「なぜ被害者は『助けてほしい』と言えなかったのか」などと問題提起されています。これらの疑問はかねてより問われ続けていながら，その本質（いじめを相談できない心理）に迫るような実践方法（集団対象の予防的・開発的教育相談や心理教育的アプローチ，個別対象のカウンセリング）は十分に開発されていないのではないでしょうか。

　本書は筆者が専門とする「援助要請」の概念（相談をためらう心理）を中心とした解説とワークブックです。これまでにもいじめの未然防止やいじめに関する教員研修の資料・書籍は多く出版されていますが，本書の特徴は援助要請の心理学という理論を中軸とした一貫性のあるプログラムを用意している点です。本書を実際に学校で使用することはもちろん，読むことでいじめ被害者・傍観者・加害者がいじめの状況で「助けて」と言えない心理への共感的理解を深めることができるでしょう。主な読者は教師および学校現場の援助者（スクールカウンセラーなど），教員養成課程の大学生を想定しています。

　筆者の前著『援助要請のカウンセリング──「助けて」と言えない子どもと親への援助』（金子書房）では援助要請の実態と研究の展望，実践事例の紹介を行いました。本書はその内容をさらに分かりやすくしつつ，さらにいじめに特化させた本という位置づけです。本書を通して援助要請のカウンセリングによる集団へのアプローチ（いじめ未然防止活動），個別へのアプローチ（事例検討資料）を知っていただき，各学校において子どもの実態に合わせて活用していただければ幸いです。

I

contents

はじめに ……………………………………………………………………………… 1

第1章

いじめと援助要請の心理学　6

第1節　本書の構成 …………………………………………………………… 6

第2節　いじめのとらえ方 …………………………………………………… 7

第3節　いじめと相談（援助要請）………………………………………… 8

第4節　援助要請の心理学 …………………………………………………… 11

第5節　いじめに対する援助要請のカウンセリング …………………… 12

第6節　いじめの相談をされた時の指導・援助 ………………………… 21

第7節　本章のまとめ ………………………………………………………… 22

第2章

援助要請のカウンセリング
いじめ予防・未然防止編　24

第1節　いじめ未然防止としての援助要請のカウンセリング ……… 24

第2節　いじめの認識の違いを共有する（タイプ1）………………… 26

　　　指導案 いじめの認識（傍観者版）………………………………… 29

　　　●ワークシート① ……………………………………………………… 31

| 第 3 節 | いじめかもしれない状況での具体的な対処法を考える （**タイプ** 2） | 34 |

指導案 いじめの認識と行動（傍観者版） 37

●ワークシート② 39

| 第 4 節 | 相談したいと思わないいじめ被害者に「相談しよう」と思ってもらう （**タイプ** 3） | 43 |

指導案 相談相手に求めるもの 46

●ワークシート③ 48

| 第 5 節 | 身近な人や専門家にいじめの相談をためらう心理を考える （**タイプ** 4, 5） | 52 |

指導案 いじめの相談に対する考え方（傍観者版） 55

●ワークシート④ 57

| 第 6 節 | **本章のまとめ** | 60 |

第 **3** 章

援助要請のカウンセリング
いじめ事例介入・援助編　62

| 第 1 節 | 事例で学ぶいじめに対する援助要請のカウンセリング | 62 |

| 第 2 節 | 事例 1 ● 問題意識（被害の自覚）のないいじめ被害者 （**タイプ** 1） | 63 |

●演習 1 66

| 第 3 節 | 事例 2 ● いじめに発展しかねない友人関係を続ける加害者 （**タイプ** 2） | 69 |

●演習 2 72

| 第 4 節 | 事例 3 ● 相談したいと思わないいじめ被害者とその友人 （**タイプ** 3） | 76 |

●演習 3 79

3

第5節　事例4●相談したいができないいじめ被害者
（**タイプ**4, 5）────────────── 83

　　　●演習4 ─────────────────── 86

第6節　本章のまとめ ─────────────── 89

第4章

「助けて」が言える子ども，「助けて」に気づける援助者になるために　90

第1節　本書の実践の限界と今後の課題 ──────── 90

第2節　「助けて」が言える子どもに育つためには ──── 93

第3節　「助けて」に気づける援助者になるためには ─── 95

第4節　「助けて」が届かない学校や社会が変わるためには ── 96

巻末資料　いじめ被害者・加害者に対する援助の基本　98

引用文献 ───────────────────── 100

おわりに ───────────────────── 103

ワークシートおよび演習のダウンロード／使用に関して

PDF ダウンロード p.5参照

本文中，マークの付いているワークシートおよび演習は，金子書房のホームページ『いじめに対する援助要請のカウンセリング』の書籍ページよりダウンロードして使用することができます。ダウンロード・ページにアクセスする際には，以下のIDとパスワードが必要になります。

[ID：enjoyousei ／パスワード：760821754]

なお，ダウンロードおよびファイルの使用に際して，以下の「注意」をご一読ください。

注意

1. 本サービスは，本書をご購入いただいた方のみご利用いただけます。上記のIDおよびパスワードは第三者に知らせないでください。
2. すべてのファイルには著作権があります。使用は個人的な場面，学校の授業などに限り，公開の場，あるいは参加費などを徴収する有料の集会での使用は禁止いたします。
3. ファイルはご使用になる方の責任でお使いください。著者および出版社は，本サービスの利用による結果に関して，一切責任を負わないものとします。
4. 本サービスの内容は予告なく変更する場合があります。あらかじめご了承ください。

第**1**章

いじめと援助要請の心理学

第**❶**節
本書の構成

　本書は援助要請のカウンセリング（本田, 2015a）に関する実践資料集です。「援助要請」とは悩みの相談に関する心理であり，本書では特にニーズがあっても相談しない子どもの心理を共感的に理解した上で援助する方法を取り上げています。また，本書は様々な問題状況の中でも特にいじめについて解説しています。つまり，援助要請のカウンセリングのいじめ編です。

　本書は以下のように構成されています。まず第1章では本書におけるいじめのとらえ方といじめの相談の実態，相談に関する心理である援助要請の理論について解説します。そして，第2章では子ども集団を対象としたいじめ未然防止活動としての援助要請のカウンセリング，第3章では教師などの援助者を対象としたいじめ事例への援助要請のカウンセリングの適用（研修資料）を掲載しています。援助要請の心理状態は後述するように5つのタイプに分けられ，第2章，第3章ではそれぞれのタイプごとに資料が掲載されています。最後の第4章では，子どもが相談しやすくなるために，そして大人が子どもの相談したい気持ちに気づけるために必要なことをまとめています。

　また，第2章，第3章の資料を実際に活用するにあたって，各学校の実態を無視してプログラムを導入することはできません。例えば，過去に深刻ないじめ被害を受けた子どもがいる学級ではいじめ未然防止活動を行う際の配慮が欠かせません。そこで，援助要請と学校心理学を専門とする水野治久先生にコメントをいただき，「学校支援の現場からの一言」として第2章，第3章に掲載しました。水野先生と筆者は共に石隈利紀先生に師事し

図1-1　本書の構成

たことが縁で，今に至るまで研究と実践の両面でご指導をいただき，また一緒に研究や学会発表もしています。本書に掲載されている資料を実際に活用する際には，各プログラムが学校の実態において適切かどうか，水野先生のコメントも踏まえて，読者ご自身で判断していただければと思います。

第❷節
いじめのとらえ方

（1）本書におけるいじめの定義

　いじめ防止対策推進法の第2条において，いじめは「児童等に対して，当該児童等が在籍する学校に在籍している等当該児童等と一定の人的関係にある他の児童等が行う心理的又は物理的な影響を与える行為（インターネットを通じて行われるものを含む。）であって，当該行為の対象となった児童等が心身の苦痛を感じているものをいう」と定義されています。本書におけるいじめはこの定義によるものとします。
　なお，心理学研究においていじめの定義はいくつかあります。例えば，戸田・ストロマイヤ・スピール（2008）は国際的ないじめの定義として2007年にいじめ研究者が出したカンダーステグ（Kandersteg）宣言でのいじめの定義を紹介しています。

（2）いじめに関する主要概念

本書において，いじめに関する以下の概念も主要なものとして扱います。

● 四層構造（森田・清水，1994）

いじめ集団の基本的な構造として，「加害者」（いじめっ子）と「被害者」（いじめられっ子）に加えて，「観衆」（いじめをはやしたて面白がって見ている子どもたち），「傍観者」（見てみぬふりをしている子どもたち），という四者の立場があります。そして，「観衆」と「傍観者」はいつでも「被害者」にまわる可能性があり，また「加害者」も「被害者」に取り入れられる可能性を含み，「被害者」が「加害者」側にまわることもあります。これらの立場の入れ替わりが学級集団の中に「被害者」へと陥ることへの不安感情を蔓延させ，誰もがいじめがあったことを教師に知らせようとしない雰囲気が醸成されると考えられます。

本書ではこの四層構造に基づいて，加害者，被害者，観衆，傍観者という用語を使います。

● いじめのプロセスモデル（戸田ら，2008）

戸田ら（2008）は従来のいじめの定義の問題点として，逮捕者が出るような深刻なケースも「犯罪」と呼ばずに「いじめ」と呼んできたこと，初期段階のものを「いじめ」と呼ぶことでいじめの定義とすれ違う恐れがあること，を指摘し，いじめのプロセスモデルを仮説として提唱しています。そのモデルでは，いじめの初期段階を「いじめの芽」とし，継続することで「いじめ」になり，さらに深刻化することで「いじめ犯罪」となるととらえます。そして「いじめ」とは「いじめる側の集団化といじめられる側の無力化が一定程度すすんだ状態」とします。さらに，「いじめの芽」と「いじめ」の間（いじめられる側が無力化していない状態）であれば予防的な対応の効果が見込まれ，「いじめ」と「いじめ犯罪」の間（いじめられる側が無力化した状態）では個別的な援助が必須になると考えます。

本書ではこのプロセスモデルを参考に，いじめの芽，いじめ，いじめ犯罪，という用語を使用します。

第❸節
いじめと相談（援助要請）

（1）いじめの相談の実態

● いじめ被害者の相談

いじめ被害者の相談については，平成 27 年度「児童生徒の問題行動等生徒指導上の諸

問題に関する調査」結果（速報値）（文部科学省初等中等教育局児童生徒課，平成 28 年 10 月 27 日）の中に「いじめられた児童生徒の相談の状況」というデータがあります。それによれば，小学校，中学校，高等学校，特別支援学校の多くの児童生徒が「学級担任に相談」している一方で（小：75.8%，中：74.4%，高：62.9%，特：73.5%），「誰にも相談していない」児童生徒が 7.3% います（小：7.0%，中：6.6%，高：14.7%，特：12.2%）。

　また，東京都教職員研修センター（2014）は児童生徒 9360 名中 6195 名にいじめ被害経験があること（どの校種も 60% 以上の児童生徒に被害経験があること）を明らかにし，いじめられたことを誰にも相談しなかったと回答した児童生徒は 45.6%（小：38.9%，中：50.8%，高：51.8%，特：35.0%）であったことを報告しています。また，相談相手は保護者と友だちが比較的多いという結果でした。森田・滝・秦・星野・岩井（1999）の調査結果からは，いじめ被害者（959 名）の小中学生の 33.4% がいじめられたことを誰にも言わなかったことが示されています。これら 3 つの調査結果の違いはいじめの定義の違いやいじめの経験を尋ねる期間の長さの違い，調査方法の違いなどが影響していると思われますが，決して少なくないいじめ被害者の子どもたちが相談できないでいることを認識する必要があるでしょう。

●**いじめ傍観者の相談**

　東京都教職員研修センター（2014）の調査でいじめを見聞きしたことがあった児童生徒（小：1951 名［52.4%］，中：1471 名［44.6%］，高：591 名［24.2%］，特：68 名［35.4%］）のうち，「誰かに相談した」と回答した児童生徒は 2 〜 3 割でした（小：24.2%，中：20.5%，高：20.4%，特：30.9%）。傍観者がいじめを相談することは少ないようです。

　本書で特に注目するのはこれらの「相談しないいじめ被害者，傍観者」です。

（2）相談できる力を育てる必要性

　まず，子どもにとってのいじめ被害の影響の大きさから相談が重要であるといえます。ひょうごユースネットケア推進会議（2014）の調査結果によれば，いじめ被害を受けても「自殺しない」と言い切れる子どもが約 50% 程度しかいないという現実があります（表1-1）。子どもにとっていじめ被害を受けることの影響が極めて大きいことを物語るデータです。

　次に，戸田ら（2008）は「被害者が必死に隠すことがある」ということが，深刻化したいじめの大きな特徴であると指摘しています。また，中井（1997）はいじめが「孤立化」（被害者はいつどこにいても孤立無援であることを実感させる），「無力化」（被害者の反撃は一切無効であることを教え，観念させる），「透明化」（いじめが行われていても見えなく

表1-1 子どものいじめと命に関する認識（ひょうごユースネットケア推進会議, 2014を基に作成） （%）

質問項目：「いじめを受けても命を絶つことは絶対にないと思いますか」				
対象者		そう思う	そう思わない	その時にならないと分からない	無回答
小学5年生 （351名）	農村部	51.0	18.3	30.8	
	中間部	48.1	22.5	29.5	
	都市部	49.2	18.1	29.7	5.1
中学2年生 （356名）	農村部	53.5	13.4	33.1	
	中間部	53.0	9.0	37.0	1.0
	都市部	56.6	11.5	31.8	

注：データは小数点以下第1位で示してあるため, 合計が100%にならない部分もある。

なる）, という過程で進むとし, 相談との関連では,「無力化」の段階では加害者が被害者に「大人に話すことは卑怯である」などと教え,「透明化」の段階では大人が「だれかにいじめられているのではないか」と尋ねると被害者は激しく否定し怒りを表出することがあると述べています（中井, 1997）。

　これらの指摘から, いじめの相談をしないことでいじめが深刻化し, またいじめが深刻化する過程においてますます相談しにくくなるという悪循環が読み取れます。この悪循環を断ち切るためにはいじめの被害者や傍観者, その他の人々が相談できる力を高めることが必要です。そして, 現状として自然と相談できる力が高まるとは考えにくく, 予防的・開発的教育相談やいじめ未然防止活動の一環として相談できる力を高めることが望まれます。本書の第2章で様々な実践方法を紹介します。

（3）相談できない子どもに気づき援助する力を高める必要性

　相談できる力を高めることは確かに重要ですが, 相談できないことを相談しない人の責任に帰すことはできません。なぜなら, 周囲に相談したいと思える（信頼できる）相手がいないなど, 周囲の環境の影響もあるためです。教師やスクールカウンセラーは困っている子どもの相談できない気持ちに気づき, 適切に援助することが子どもの教育や援助に関わる上で不可欠です。本書の第3章では, いじめの芽やいじめにあたる事例を取り上げ, 自分から相談しない子どもたちへの援助方法について検討します。

第❹節
援助要請の心理学

困ったときに相談する心理は「援助要請（help-seeking)」と呼ばれています。援助要請には様々な行為が含まれますが，本書では「困りごとや悩みごとを相談すること」と「援助要請」を同じ意味で使うことにします。

本田（2015a, 2017）によれば，援助要請の心理学の研究を整理すると，援助要請（困ったことを頼んだり相談したりすること）の困難さは大きく3つあります。それらは，「相談をしない」（過少，回避的)，「相談しすぎる」（過剰，依存的)，「相談がうまくない」（非機能的）です。

第一の「相談をしない」は，本人にニーズがある（と周りの人は思っている）にもかかわらず自ら相談しない状態です。援助要請が少なすぎる（過少)，または回避している状態がこれにあたります。この状態の人に対する援助では，必要な時に相談できる力を高めることが目標となります。

第二の「相談しすぎる」とは，自分で解決できることでも「面倒だから」「楽をしたいから」「やりたくないから」「やってもらったほうが早いから」などの理由で多くのことを人に頼る状態です。援助要請が多すぎる（過剰)，または他者に依存的に頼りすぎる状態といえます。「相談しすぎる」子どもに対する援助の目標は，自分一人で解決できることは援助を求めずに自分で取り組む力をつけることです。

第三の「相談がうまくない」とは，相談はするものの，相手にうまく伝わらずに不全感が残ったり，相談相手にうっとうしがられて聞いてもらえなかったり，叱られたり，秘密にしてほしいことをばらされたりするなど，相談したことでかえって傷ついてしまう（相談の結果が本人にとって否定的なものである）状態です。相談するという行動が機能していない，非機能的な状態です。この状態の人への援助の目標は上手に相談すること，すなわち相談をする時のソーシャルスキル（援助要請スキル）を高めることです。

これらのように，援助要請の心理学では相談に関して様々な観点から研究が進められています。そして，これら3つの状態を理解し援助する方法が「援助要請のカウンセリング」（本田, 2015a）です。本書ではいじめという問題状況において相談をしない子どもの心理を理解し，援助する内容を中心に扱います。

第**5**節 ┈┈
いじめに対する援助要請のカウンセリング

（1）本書における援助要請のカウンセリング

　第4節で紹介した援助要請の3つの困難さに応じた目標に向かう援助の具体的方法が援助要請のカウンセリングです。「相談をしない」人に対する援助要請のカウンセリングは本田（2015a）で紹介されています。援助要請のカウンセリングでは，「相談をしない」人の心理状態（「なぜ相談しないのか」）について情報収集と分析を行い（アセスメント），その心理状態に応じた援助方針を立案し，具体的な援助を展開します。

　本書では援助要請のカウンセリングを「援助者（教師やスクールカウンセラーなど）からはニーズがあると判断されるのに自ら相談しない子どもが，必要に応じて相談できることをめざす援助的関わり」とします。具体的には，第2章において集団を対象とした実践（いじめ未然防止活動）を紹介し，第3章ではいじめの芽，あるいはいじめの事例を基に，援助要請の心理状態をアセスメントし，援助方針を立案し，具体的な援助案を検討する資料を提示します。

（2）援助要請の心理状態のアセスメント

●援助要請の心理状態のアセスメントモデル

　援助要請のカウンセリングでは，対象となる子どもの援助要請の心理状態をアセスメントし，それに応じた援助を行います。そのためのアセスメントモデルには図1-2を用います。

●アセスメントモデルの見方

　実際にアセスメントを行う際の流れは以下の通りです。以降ではアセスメント結果（タイプ1〜タイプ5）に応じた心理状態の理解と援助方針について解説します。

　　1 援助者からはニーズがあると思える対象者を1人決める。

　　2 対象者本人の状態を思い出しながら各質問に答える。

　　　例：「問題があると思うか？」は，対象者本人に問題意識がありそうかどうかを判断する。

　　3 進んだ先にあるタイプがその対象者の現在の心理状態である。

　　　あくまで現在のタイプであり，状況が変わればタイプも変わるものである。

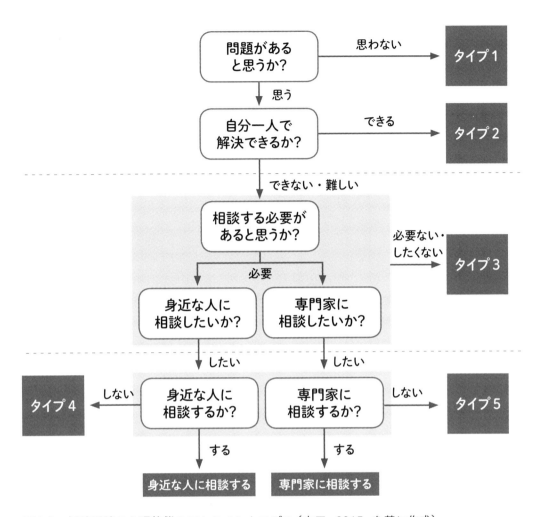

図1-2 援助要請の心理状態のアセスメントモデル（本田, 2015aを基に作成）

4 対象者のタイプに応じた指導・援助を検討する。

詳細は後述するが，大きくは3つの心理状態に分類できる。

- 困っていない（から相談しない）……タイプ1，タイプ2
- 助けてほしいと思わない（から相談しない）……タイプ3
- 「助けて」と言えない（から相談しない）……タイプ4，タイプ5

(3) **タイプ1　困っていない**

● **心理状態の背景理解**

教師やスクールカウンセラーから見て，子ども本人に成長・発達上の潜在的ニーズがあ

るにもかかわらず,「困っていないから相談しない」子どもがいます。学級の他の子どもも関わる問題状況の場合,「本人は困っていないが周りの人が困っている」という状況になることもあります。

「困っていないから相談しない」という心理状態になる理由として,適切な知識がないために自分の置かれた状況が問題であるという認識をもてないこと（知識不足）や,周囲の人からは大変な状況に思えても本人は慣れてしまっていて問題と感じていない（つらさが当たり前になっている）ことが考えられます。

● 指導・援助の方針

困っていない（適切に問題状況を認識できていない）状態では,そもそも「相談しよう」と思うきっかけすらなく,自ら相談に来るとは考えにくいです。そのため,教師が日頃から「困ったらいつでも相談してね」とこまめに声掛けしても自分のこととして受け止めてもらえず呼びかけが届かない,つまりそれほど有効でない可能性が高いでしょう。

まずは子ども自身の問題状況を適切に認識する力を高め,「ニーズを引き出す関わり（ちゃんと困ってもらう関わり）」を行う必要があるでしょう。具体的な方法としては,教師やスクールカウンセラーなどの援助者からの具体的な情報提供（心理教育）が中心になります。教室に子ども向けの心理学の本を置いたり,保健便りを通して具体的な症状を示しながら「このような時は一度,病院に行きましょう」と促したりします。教師ではなくても,デートDVや性教育などをテーマとした講演会後に生徒からの相談が増えることもあります。

【タイプ１　いじめの場合】

ある場面が「いじめ」かどうかを尋ねていじめの認識を調べた心理学の研究から,特徴的な場面を紹介します（表1-2）。表中の数字は回答した子どもの人数を表します（三藤・笠井・濱口・中澤,1999を基に作成）。表から明らかなように,同じ場面であっても子どもによって判断が分かれます。

被害者の子どもは自分がされていることを「いじめ」と認識しなかったとしても,「人間関係上の問題」や「けんか」というとらえ方で誰かに相談するかもしれません。つまり,「いじめ」に限らず困った時に相談しやすくなるような学校環境,学校風土を形成することと,相談する力を高める予防的・開発的教育相談が必要となるでしょう。

傍観者には次のような集団の心理が働くことがあります。教室で同じ場面を見ている生徒同士で,「あれはいじめじゃないのかな」と思った生徒（X君）がいても,周りの生徒が「ふざけ」,「けんか」と判断していると,X君の中に大きな不安が生じます（「本当にいじめじゃないの？」）。するとX君は,変え難い現実（いじめのような関わりをやめさせる）

表1-2　いじめの認識の違い（三藤ら，1999を基に作成） （人）

（1）　小学生は「いじめ」，中学生は「けんか」ととらえやすい場面

AさんとBさんは，あることでケンカをしてしまいました。Aさんは数人の仲間にBさんと仲良くしないように呼びかけ，Bさんを孤立させてしまいました。

対象	ふざけ	けんか	いじめ	犯罪
小学生	10	60	118	7
中学生	11	110	86	3

（2）　中学生の間で認識が分かれやすい場面

バスケットボールの試合中，Cさんがミスをすると，同じチームの人にいつも「ばか，グズ，おまえなんかやめちまえ」と言われます。Cさんは，なにも言いかえせません。

対象	ふざけ	けんか	いじめ	犯罪
中学生	44	45	94	3

ではなく，変えやすい自分の認識を周りに合わせる（「みんなが言うから，いじめじゃないよな」）ことによって，自分自身の不安を解消します。このような集団の心理を通していじめがより見えにくくなる危険性があるといえるでしょう。

（4）タイプ2　自分ではうまくできていると思っている

●心理状態の背景理解

　大きくは「困っていないから相談しない」という心理状態ですが，タイプ1と異なる点は自分なりに問題があると認識して対処している点です。しかし，その対処法が教師から見ると不十分・不適切であるにもかかわらず，子ども自身はその対処で十分であると感じているような状況です。

　周囲から見て不十分・不適切な対処法でも本人がその対処法を選択しているときには，対処法の結果を一面的にしかとらえていない可能性があります。例えば，短期的な結果は子ども自身にとって望ましいが長期的な結果は望ましくない場合は，子どもは現状を何とかしたいために短期的な良い結果を望みますが，教師は「今はいいけど，いつまでもそのやり方では通用しない」と長期的な結果を見ていることから生じます。また，子どもなりの対処が自分にとってはよいが相手にとって良くない結果をもたらしていることもあります。

第1章　いじめと援助要請の心理学

● **指導・援助の方針**

　子どもから相談に来る可能性は低いため，教師から機会を作って子どもの話を聴く中で援助要請の心理状態に即した援助をします。そうすることで子どもも前向きに自分の問題状況について話し合おうとするでしょう。

　まずは子どもに自身の対処（問題状況への取り組み方）について少し丁寧に振り返ってもらうことが必要でしょう。その際に，子どもなりの対処の効果を多角的に（短期的な結果と長期的な結果，自分への結果と相手への結果，など）考えてもらうことが役に立つと思います。子どもは解決できている（ために困っていない）と思っているが教師にはそう思えない場合，子どもの対処が短期的にはうまくいっているが長期的に良いとはいえないことが往々にしてあります。教師は子どもの対処の良い部分を認めつつも長期的には望ましくないという予測を伝えながら，子どもの成長・発達上のニーズに応えるためのより良い対処を一緒に考える必要があります。

【タイプ2　いじめの場合】

　いじめ被害者と傍観者は，いじめに気づいた時にどのような対処をしているのでしょうか。いじめ被害者について，森田ら（1999）はいじめ被害者959名の対象行動を調査し，最も多かったものから順に男子は「気にしないふりをした」，「やめてくれと言った」，「その場でやり返した」であり，女子は「気にしないふりをした」，「友だちに助けを求めた」，「泣いた」であったと報告しています。そして，男子は自律的，積極的な対処行動が多いが加害者の人数や状況によってはかえっていじめをエスカレートさせる可能性もあることを指摘しています。さらにこの調査結果からは，「先生などに助けを求める」行動が男子で約10%，女子で約20%と男女ともに少ないことも明らかにされました。

　いじめ傍観者の対処として，東京都教職員研修センター（2014）の調査の中で，いじめ傍観者の子どもの対処行動を3つの選択肢（「注意した」「誰かに相談した」「何もしなかった」）で尋ねた結果，小学校と特別支援学校では約35%の子どもが，そして中学校と高等学校では60%以上の子どもが「なにもしなかった」と回答しています。この結果から，傍観者（いじめを見聞きしたと自覚している子どもたち）がいじめを相談することは決して容易ではないといえるでしょう。

　いじめを見ている理由を1966名に尋ねた結果からは，「関わりをもちたくないから」（85.3%が「そう思う」と回答，以下同），「自分がいじめられたくないから」（80.8%），「自分ではどうすることもできないから」（75.4%），「いじめているグループが怖いから」（71.9%），「自分には関係がないと思っているから」（69.0%）が多かったです。これらの結果から，傍観者の立場になった子どもたちに相談するように促すためには，「相談した子

ども自身の安全が守られること」（安全性）と，「見聞きしたいじめを自分のこととして感じ考えること」（当事者性）が欠かせないと考えます。安全性と当事者性は第2章で紹介する予防的・開発的教育相談においても重視しています。

（5）タイプ3　相談したいと思わない

●心理状態の背景理解

　自分なりに困っており，自分の対処ではうまくいかないと感じているにもかかわらず，誰にも相談しようと思わない心理状態です。このような心理状態の背景には，次の3つが想定されます。

　第一に，相談したいと思うほどの余裕・ゆとりがない場合です。相談するためには時間が必要ですが，部活や塾，習い事，家ですることなど，毎日の生活に追われてじっくり相談する時間が取れないために相談したいと思えなくなっていることがあります。第二に，相談したいと思えないほど疲れている場合です。人に自分の悩みごとを話す気になれないほどとても落ち込んでいたり体調が悪かったりすることがあります。また，自分で何とか解決しようと努力してもうまくいかないことで「何をしてもダメだ」と落ち込みが強くなってしまっていることもあります。第三に，過去に相談して嫌だった経験を多く重ねている場合です。相談した時にばかにされたり秘密を他の人にばらされたりするなど，「相談しなければよかった」という経験（相談してかえって傷つく経験）が多くなると，他の人に対しても相談したいと思えなくなるでしょう。相談することに期待を持てず，抵抗感が強い状態です。

●指導・援助の方針

　本人から相談されるのを待つよりも，周囲の援助者から積極的に援助することを優先します。ただし，この心理状態にある子どもは周囲からの援助を拒否する（「必要ない」「余計なことをしないで」と援助を断る）ことがあります。周囲の援助者が援助する際に，援助要請の心理状態に配慮した援助ができると子どもも受け入れやすいでしょう。

　また，本人が相談したいと思いやすくなる（相談する意図を高める）ための方法として，本田（2015a）は計画行動理論（Ajzen, 1991）を基にした3つの援助方法を提案しています。第一に，相談に対する態度を肯定的にすること，第二に，重要な他者から相談を勧めてもらうこと，第三に，相談すること自体を容易にすること（「相談しようと思えばできる」と思ってもらうこと），です。

【タイプ3　いじめの場合】

　いじめ被害に遭った子どもは抑うつ・不安感情が強いことが明らかになっています（岡

安・高山，2000；黒川，2010）。抑うつ症状は相談する意図を弱める可能性があり（永井，2012），いじめ被害者は抑うつや無力感を高めることによって相談しようと思いにくくなる可能性があります。実際に，いじめ被害経験のある生徒は被害経験のない生徒に比べて身近な人に相談する意図が弱いことが明らかにされています（Leach & Rickwood, 2009）。つまり，いじめ被害者は他者からの援助が必要であると考えられる一方で，抑うつ感情の高まりやいじめ被害という状況によって相談したいという意図自体が減じられ，ますます援助が届きにくくなる恐れがあります。

　いじめ傍観者の場合，タイプ3の子どもの背景の一つに，「過去に相談して否定的な経験を重ねていること」があります。つまり，いじめが起きた時にどうするかを考えるのみでは不十分であり，すべての子どもが悩みを相談した時に良い関わりを受ける経験を重ねることが不可欠です。子どもたちが普段から「この先生ならわかってくれる」と思える人間関係がある時，いじめを見聞きした子どもは教師に相談しようと思えるでしょう。

　困っており自分一人では対処が難しいと思える状況において，「誰かに相談しよう」と思えないことで問題状況が継続・悪化することが予想されます。このような子どもには相談されるのを待つのではなく，教師がいち早く子どもの困難さに気づいて適切な指導・援助を行うことが大切ですが，本人から援助を求めない中で教師が指導・援助を行うことが押しつけがましく感じられたり，教師として関わり方に迷ったりすることがあるかもしれません。

（6）タイプ4　身近な人に相談したいがしない

●心理状態の背景理解

　困っていて自分なりに対処するがうまくいかず，誰かに相談したいと思いつつも実際の行動に移していない状態です。このような心理状態の背景は，相談することに対する考え方である期待感（相談すると生じると予想される良いこと）と抵抗感（相談すると生じると予想される心配なこと，悪いこと）からとらえると理解しやすいです。（本田・新井・石隈，2011；本田，2015a）。相談したいと思いつつも，期待感よりも抵抗感のほうが高いことが影響して実際の行動ができない状態であると考えられます。子どもが抱く期待感や抵抗感には表1-3のようなものがあります。（本田ら，2011）。

●指導・援助の方針

　相談したいという意志・意図を持っていることから，その意図を実現できるように促します。そのために，相談の期待感を高め，抵抗感を低めることが援助方針となります。具体的には未然防止活動など集団を対象とした実践の中で相談の期待感と抵抗感を取り上げ

表1-3　相談の期待感と抵抗感の例（本田ら，2011を基に作成）

側面	内容（例）
期待感	問題解決のために適切な助言がほしい 援助や助言は問題解決に大いに役立つだろう
抵抗感	自分の抱えている問題を解決できないだろう 自分の期待通りに応えてくれるかどうか心配になる 相談内容についての秘密を守ってくれないだろう

て子ども同士で話し合う機会を作ったり（第2章），本当に相談したい相手とは違う人（親に相談したいができないから担任に相談する状況など）が子どもの話を聞く中で期待感を高め抵抗感を低めるように援助したりすること（第3章）が重要です。

【タイプ4　いじめの場合】

　いじめ被害者が相談したいと思っていても相談できない時，何が相談をためらわせるのでしょうか。東京都教職員研修センター（2014）では，いじめられたことを誰にも相談しなかった児童生徒（2825名）に相談できない理由を尋ねています。その結果，「被害が悪化するから」（75.4%が「そう思う」と回答，以下同），「誰かに言ってもいじめは解決しないから」（54.3%），「周りの人から普通に接してもらいたいから」（47.2%），「恥ずかしいから」（42.4%），「誰かに相談したくても聞いてもらえないから」（35.7%），という結果が得られました。その他にも小学3，4年生に同学年の子どもから教室以外の場所で攻撃・いじめ被害を受けている場面を使った研究からは（Newman, Murray, & Lussier, 2001），「自力で解決したいから」，「教師とのトラブルを避けたいから」，「仕返しされるから」，「教師に言えないから」，「教師に言っても効果的な援助をしてもらえないから」，「大きな問題ではないから」などの理由が挙げられています。そして，自力での解決を望むという理由が他の理由よりも多く得られ，男児は女児よりも相談後の悪い結果を予想していることが明らかになりました。

　本田（2015a）は，自力解決を望むという理由で援助を求めないという姿勢は一見前向きな対処のようですが，いじめられていることを「自分が弱いからだ」と思ったり情けなくみじめだと感じたりして相談することに抵抗が強い心理の裏返しとして「自分で解決したい」と思っている可能性や，安易に自力対処のみを推奨することの危険性を指摘しています。

（7）タイプ5　専門家に相談したいがしない

●**心理状態の背景理解**

　タイプ4と同じく，「助けて」と言えない心理を理解する上では，相談の期待感と抵抗感を知ることが役立ちます。専門家にはスクールカウンセラー，病院の医師や心理士などがいます。子どもが学校内で相談できる専門家であるスクールカウンセラーに対する相談の期待感や抵抗感について，水野（2007）は「悩んでいることを尊重してくれそうだ」などの期待感と，援助要請スキルの不足（問題をうまく伝えられない，自分の問題をどのように話したらよいか分からない，など），自分のことを話すこと（自己開示）への恐れ（あまりよく知らない人に自分の問題を相談できない，など），遠慮（忙しそうで相談できない，など），その他の懸念（相談したことは教師に伝わりそうだ，など）等の抵抗感を明らかにしています。

●**指導・援助の方針**

　タイプ5はタイプ4と同じく「相談したい」一方で「助けて」と言えないという意志・意図と行動の間に葛藤がある状態です。そこで，相談の期待感を高め，抵抗感を低めることで，子ども自身の「相談したい」という意志・意図の実現を援助することが基本的な方針となります。期待感が高い中学生はスクールカウンセラーを知っていること（水野，2007；水野・山口・石隈，2009），会話経験があること，スクールカウンセラー便り（通信）をよく読んでいること，という特徴がありました（水野ら，2009）。また，会話経験がある生徒は相談への抵抗感が低いことも示されています（水野，2007）。

　一方で注意したい点は，水野（2007）の研究から明らかにされた「遠慮」という抵抗感です。本田（2015a）は教育や子育ての中で「人に迷惑をかけてはいけない」「相手のことも考えて接しなさい」という言葉は繰り返し子どもに伝えられており，これらの教えは集団生活，社会生活を送る上では学ぶべき大切な内容である一方で，「助けて」と言わない（言えない）生徒はこれらの言葉を強く意識しすぎている可能性を指摘しています。

【**タイプ5　いじめの場合**】

　スクールカウンセラーに期待される役割の一つがいじめの相談です。とはいえ，いじめ被害時に「スクールカウンセラー等の相談員に相談した」児童生徒の割合は2.8%，「スクールカウンセラー等の相談員が発見」したことがいじめ発見のきっかけになったのは0.2%と，いずれも少ないです（文部科学省初等中等教育局児童生徒課，2016）。ほとんどの学校においてスクールカウンセラーは常勤ではなく，また未配置の学校もあることがスクールカウンセラーによる発見の少なさに影響しているとはいえ，スクールカウンセラー等の教

師以外の援助者が子どものいじめの相談相手として十分に機能しているかを考える必要があるでしょう。小学校4〜6年生を対象にいじめ被害者になった場合，いじめ傍観者になった場合にスクールカウンセラーに相談すると思うかを尋ねた研究からは，被害者・傍観者いずれの場合も小学校4年生が最も得点が高く，6年生が最も低いという結果が得られました（田村, 2015）。つまり，学年が上がるほどいじめの相談をスクールカウンセラーにしなくなる傾向が見られました。

「いじめじゃないけど」という前置きをしながら友人関係の悩みを話す子どももいます。子どもにとって「自分がいじめられている」と認めることは恥ずかしさやみじめさを伴うつらいことであったり，スクールカウンセラーに「いじめ」と思われると教師に話をされて相談したことが大ごとになることを恐れたりする心理が垣間見えます。それだけ子どもにとっていじめ被害に遭うことが重大な危機であるといえるでしょう。

教師が子どもに相談されて話を聞いた上で，さらにスクールカウンセラーへの相談を勧めたい時，子どものスクールカウンセラーに対する相談の期待感と抵抗感を理解した上で子どもに合った勧め方ができるとよいでしょう。なお，予防的・開発的教育相談の方法はタイプ4と同様になりますが，スクールカウンセラーが直接実施したほうがこれまでの研究成果（水野, 2007；水野ら, 2009）からより効果的であると考えられます。

第6節
いじめの相談をされた時の指導・援助

いじめの相談をしやすくすることに加えて，相談した子どもが「先生に相談してよかった」と思えることが大切です。そのために，いじめの被害者から相談を受けた時の教師の指導・援助が重要であることは言うまでもありません。「先生に相談してよかった」という体験が，将来困った時に「先生に相談したい」という意志・意図や，「先生ならちゃんと話を聴いてくれる」という期待感につながるためです。

いじめに対する指導・援助には様々なものがありますが，本書では河村（2007a, b, c），三木（2012），田村（2012a, b）を参考に，主に被害者と加害者の子ども，保護者への援助の基本を巻末資料として掲載します。あくまで基本的な関わり方で，すべての事例に当てはまるとは限りませんが，子どもと保護者に適切な指導・援助を考える上での参考資料として示します。

第1章　いじめと援助要請の心理学

第 7 節
本章のまとめ

　本章ではいじめの相談が難しいことを明らかにし，子どもの相談できる力を育てる予防的・開発的教育相談やいじめ未然防止活動が必要なこと，そして大人たちが困っていても相談できない子どもに気づき適切に援助する必要があること，相談された時の指導・援助も重要であること，の3つを述べました。

　そして，相談することを心理学の援助要請の研究からとらえ，援助要請のカウンセリングの考え方（アセスメントの方法と援助方針，援助案の立案）を解説しました。いじめという状況においても援助要請の心理の5つのタイプが見られます。子どもの心理状態をこれら5つの点から理解し，子どもの心理状態に応じた援助の提供の仕方を工夫することが援助要請のカウンセリングです。第2章，第3章ではその方法を紹介します。

　なお注意点として，援助要請の心理のアセスメントによって5つのタイプに分類されますが，これらのタイプは状況によって変化しうるものです。「この子どもはこのタイプ」と決めつけて理解するのではなく，必要に応じてアセスメントモデルに沿って子ども理解を繰り返し，更新していくことが必要です。

第1章　いじめと援助要請の心理学

第2章

援助要請のカウンセリング
いじめ予防・未然防止編

第❶節
いじめ未然防止としての援助要請のカウンセリング

（1）本章で紹介する実践の特徴

　本章では援助要請のカウンセリングの理論に基づいて，5つのタイプそれぞれへのアプローチを主なねらいとしたいじめ未然防止活動を紹介します。

　本章で紹介するいじめ未然防止活動の特徴は以下の3つです。第一に，被害者や傍観者の相談しない（できない，ためらう）心理について考えることをテーマとしている点です。「いじめの相談は難しい」ことを知った上で，自分だったら様々な状況でどうするかを考えるとともに，グループでの話し合いを通して他者の考えにも気づけるように進めます。なお，5つのタイプそれぞれと関連する実践を紹介しますが，すべてが援助要請の心理という共通のものであるため，それぞれの実践は他のタイプとも関連しています。

　第二に，主として傍観者の立場を想定した題材である点です。タイプ3の実践（いじめの相談相手に求めるもの）は被害者の立場を想定していますが，後述するように話し合いを通して傍観者としての自分のあり方について考えることを促します。傍観者の立場を想定している理由は，被害者の立場を想定して考えた時に「自分はいじめられることはない」と考える子どもや感情的に反発する子どもがいると，話し合いで表面的に意見を合わせるだけでいじめの相談の深い理解に至らない可能性があること，そして，実際に学級でいじめが生じた際には，一般には加害者と被害者よりも傍観者のほうが人数が多いと考えられ，授業を受ける子どもから見ると被害者や加害者よりも傍観者になる可能性が高いと思って

いると思われるためです。なお，被害者が相談しやすいことはもちろん重要です。

　第三に，当事者性（「わたくしごと」として考える展開）を重視している点です。いじめについて深く考えることには緊張が伴うため，授業の話し合い時に表面的に意見を合わせたり一般的に望ましいと思われる対応を挙げて考えることをやめたりすることがあります。本章の実践ではできるだけ「わたくしごと」として考えてもらいやすくするために，自分の意見を言いやすかったり，真剣な話し合いの中にも（共感し合って生じる）笑いがあったりする活動をめざしています。

（2）本章で紹介する実践の留意点

　本章では援助要請の心理状態のタイプごとに指導案とワークシート，そして実践紹介を掲載しています。指導案とワークシートは援助要請の心理学に基づいて作成され，また複数の学校で実践しながら改良を重ねたものです。いじめ未然防止活動を行う上で配慮を要する子どもの把握と支援として，以下の4点が重要となります。一言でまとめると，どの子どもも傷つかない構造を作ることが欠かせません。

　第一に，いじめ被害経験のある子どもが在籍する場合，事前に活動内容（特に出来事の内容）や予想されること（考えたり話し合ったりするときに，いじめられた体験を思い出すかもしれない，など）を説明し，意見を聞いた上で活動内容を修正，または別の活動に差し替える必要があります。また，実践中の子ども同士の話し合いの中で傷つくことを言ったり馬鹿にしたりすることが生じないように，毎回の冒頭で約束事を確認します。本章の実践では，ソーシャルスキル教育で用いられる約束事（相川・佐藤，2006）を使っています。

　第二に，活動中に自分自身のいじめ被害経験を話す子どもがいた場合，内容を注意して聞き，必要に応じて話を深めすぎないように実践者（教師等）が仲介する必要があります。しかし，子どもによっては自身の過去の体験がすでに整理されており，話したいと思うこともあるようです。

　第三に，いじめ加害経験のある子どもや，当時は意識しなかったが振り返ると「自分がしたことはいじめかもしれない」と思う子どもは，活動時に抵抗を示すことが予想されます（話し合いに参加しない，など）。したがって活動に参加しない子どもを一律に無理に参加させるのではなく，「この子どもはなぜ積極的に参加しないのか」をよく考慮しながら参加の程度を調整する（話し合いを聞くだけでもよい，あなたの意見は後で先生にだけ教えてほしい，など）とよいでしょう。

　第四に，実践後に振り返りシート（p.59）を記入してもらい，子ども同士では話せなかっ

第2章　援助要請のカウンセリング　いじめ予防・未然防止編　　25

た気持ちや嫌な思いをしたことも書いてもらうようにします。その記述から気になった子どもに対して，実践者（教師等）が後日声をかけたり話をしたりすることがいじめ未然防止として重要です。

　なお，本章で紹介する実践はあくまでも筆者が実践したものの一例であり，実施する学校によって子どもの反応や話し合い時の様子は様々であることは言うまでもなく，指導案とワークシートにも改善の余地はあるでしょう。いじめ未然防止活動として意味のある実践を行う上では，本章の指導案とワークシートを読み，実践紹介を参考に進め方をイメージすること，そして，実践後に子どものワークシートや感想を読み，いじめ被害が疑われる子どもやいじめかどうかわからないが心配な子どもを把握したり面談したりすることが重要です。いじめられた時やいじめを見聞きした時に相談しやすくなることを大きな目標としているため，実践者である教師やスクールカウンセラー自身が子どもにとって相談しやすい人であることが大切です。

　また，本章の実践によって本当にいじめの相談件数が増えたかどうかといった統計指標は取っておらず，効果的な実践であるかどうかは未検証です。現段階では援助要請の心理学の理論に基づいていることを実践の根拠としています。各実践紹介から，実践の効果や限界，配慮点を感じてもらえれば幸いです。

第 ❷ 節
いじめの認識の違いを共有する（タイプ1）

（1）タイプ1・実践の特徴

● 援助要請の心理状態

　この実践は援助要請の心理のタイプ1（問題意識がない）と特に関連します。また，タイプ1とタイプ2はどちらも「困っていないから相談しない」という心理状態であり，タイプ2の心理ともかなり重複すると考えてよいでしょう。

　同じ状況を見ても，いじめと思うかどうかは人によって異なります。例えば「自分はいじめと思っていないから笑って見ていただけ」という子どもが教師に「いじめがある」と相談するとは考えにくいでしょう。そもそもいじめと思っていない（ために，本人が困っていない）ためです。また，自分は「いじめかもしれない」と思っても，周囲の人たちが「いじめじゃない」と言えば，いじめとして相談はしづらくなるでしょう。この実践で体験してほしいことは，「一緒に生活する学級の人たちの間でも状況の認識の仕方が違う」とい

うことです。何となく分かっているようなことかもしれませんが、実際に学級の児童・生徒で同じ場面を見て、いじめかどうか投票し、結果を確認することで、より実感を持っていじめかどうかの認識の仕方が違うことに気づけるでしょう。

なお、この実践は本田（2015a）で紹介された方法と同様です。

● **いじめ状況における立場**

いじめの場面を見ている立場としていじめかどうか考えるので、主として傍観者の立場を想定した活動になりますが、場面を考えたり投票したりする際には被害者や加害者の心情を想像することもあります。

● **当事者性**

自分たちでいじめかどうか判断に迷う場面を考えること、その場面について他の人からいじめかどうか判断（投票）してもらうこと、という授業の進め方によって当事者性を高めます。

（2）タイプ1・実践紹介

目的：傍観者としてのいじめの認識の違いに気づく

対象者：公立中学校第3学年1学級の生徒（約30名）

実践の様子：

実践者（筆者）はこの学校で行ういじめ未然防止活動の講師として依頼されて、50分授業1回で実施しました。まず、実践者が用意した2つの場面（ワークシート①-1）について、いじめかどうかお互いの意見を話し合います。続いて、グループでいじめかどうか迷う場面を作ります。話し合いの時間に、誰も話さず沈黙するグループがありました。自分の体験を話すと、同じ小学校出身の生徒にどの出来事のことか特定されそうで嫌だったの

かもしれません。そこで,「直接自分が経験したことでなくても,これはいじめかどうか判断が難しいんじゃないかと想像したものを言ってみましょう」,「うまく思いつかなかったら,『これはいじめだ』と思う内容を書いてみましょう。後でほかのグループの人が見た時に,いじめだと思うかどうかは分かりませんので,それでよいです」と付け加えました。その後,話し合いが進み,次第に活発に意見交換がなされるようになりました。

実践の考察と課題：

　外部講師としてこの時間のみ授業を行ったため,その後の学校の様子までは分かりませんが,この実践を通していじめかどうか迷う場面で周囲の人が「いじめじゃない」と言っても,「いじめかも」という自分の判断を信じることができるようになっていればと思います。また,もしもう1時間あれば次に紹介するタイプ2の実践を行うと,授業の最後で伝えた「どう行動するか」を具体的に考えることができ,より実際の行動に結びつきやすくなったと思います。

学校支援の
現場からの一言

　起こった事象について,それがいじめにあたるかどうかは子どもの間でもまた保護者,教師の間でも議論が分かれます。その意味で「いじめの認識」のグループワークはいじめ防止に効果があると考えられます。ただし,被害児童・生徒にとってはつらい場面に直面する可能性がありますから教師は留意する必要があります。チームティーチングで複数教員を配置することも考えられます。カウンセラーの先生にお手伝いいただくことも良い案です。

（水野）

指導案

援助要請の心理状態：タイプ1	
プログラム	いじめの認識（傍観者版）
本時の目標	傍観者としてのいじめの認識の違いに気づく
資料・準備 【教師】 【子ども】	・ワークシート①-1（A4，グループに1枚） ・ワークシート①-2（A3，グループに1枚） ・丸型シール（1人につきグループ数分） ・セロハンテープ　・マジックペン　・ストップウォッチ ・筆記用具
引用文献	以下の文献を基に，実践の状況や目的に応じて一部修正した。 ・相川充・佐藤正二（編）（2006）．実践！ソーシャルスキル教育　中学校　図書文化 ・濱口佳和・笠井孝久・川端郁恵・木村史代・中澤 潤・三浦香苗（1996）．「いじめ」現象についての子どもたちの認識——架空のエピソードに対する自由記述データの分析　千葉大学教育学部教育相談研究センター年報，13，25-44. ・本田真大（2015）．援助要請のカウンセリング——「助けて」と言えない子どもと親への援助　金子書房 ・笠井孝久・濱口佳和・中澤　潤・三浦香苗（1998）. 教師のいじめ認識　千葉大学教育実践研究，5，87-101.

展開

	活動内容	指導・支援　○めざす子どもの姿
導入 5分	**1　本時の活動を説明する。** 「活動の約束事」：人間関係をより良くするための活動のため，約束は①あまり恥ずかしがらない，②冷やかしやからかいをしない，③積極的に参加する，を守ること	・学級の必要に応じて「活動の約束事」を確認する。 ・4人グループを作り，机を島にする。人数が合わない場合は3人または5人にする。 ・グループの番号を決めておく。
展開 35分	**2　本時の目標を知る。** 様々な場面を見て「いじめ」かどうか考える	
	3　活動の説明を聞き，体験する。 (1) 場面を見ていじめかどうか考える（約5分）	・ワークシート①-1を配布する。 ・場面を読み上げ，そこで起きていることが「ふざけ」～「いじめ」のどれだと思うかを考える。合図（「せーの」）で一斉に指さしする。 ・自分が選んだものとその理由を話し合う。
	【全体で共有すること①】 同じ場面を見ていても，それをいじめと思うかどうかは人によって違う。	

第2章　援助要請のカウンセリング　いじめ予防・未然防止編　　29

	(2) 自分の体験を振り返りながら，いじめかどうか迷う場面をグループで1つ作る（約15分）	・ワークシート①-2を配布する。 ・グループで話し合いながら，実体験そのままでなくてよいので，ワークシート①-1も参考にしながら場面を創作するように伝える。 ・いじめかどうか迷う場面の作成が難しい場合は，「これは明らかにいじめだ」「これはいじめではなく，いじりだ」と思う場面でもよいことを伝える（後で他のグループの人がどう判断するかを見ればよいため）。 ●**自分の意見を言い，相手の意見も聴く**
展開 35分	(3) 作成した場面を全員で見る（約10分）	・シールを配布する。 ・自分たちのグループの場面について，「ふざけ」，「けんか」，「いじり」，「いじめ」のうち1つの欄に各自シールを1枚貼る。 ・ワークシート②を掲示して他のグループの場面を見に行き，同様にシールを1枚ずつ貼って席に戻る（周りの意見に合わせず自分の意見で貼る）。 ●**ルールを守って活動する。**
	(4) 自分たちのグループの結果を考察し発表する（約5分）	・自分たちのグループのシールを集計し，特徴を考える（「いじり」と「いじめ」がほぼ半々に分かれた，など）。いくつかのグループに作成した場面と結果（シール枚数），そのような結果になった理由（自分たちの考え）を発表してもらう。
まとめ 5分	4　本時の活動を振り返る。 本時の活動の目標を再確認する	・目標を簡潔に伝え，振り返りを促す。 ・判断が違ってもいいことを伝え，以下を共有する。
	【全体で共有すること②】 「いじめかどうか」を決めることよりも，「いじめ」と思う人と思わない人がいる時に 自分はどう行動するかが大切である。	

実施上の留意点・実践前後の展開例

　タイプ2の実践も実施すると，具体的な行動レベルでいじめ未然防止について考えることができる。そのため2時間続きで実施できる場合は次のタイプ2の活動も行うほうが望ましい。

ワークシート①-1 「いじめ」かどうか考えよう

場面①
体育でドッジボールをしています。試合になるといつもAさんが1人だけ，Bさん，Cさん，Dさんにねらわれます。Aさんは「やめて」と逃げながら笑って言います。Aさんがボールに当たって外野に出ても，Bさん，Cさん，Dさんはわざと当てられてAさんを内野に戻して，またねらうことを繰り返して，笑っています。

| ふざけ | けんか | いじり | いじめ |

場面②
EさんとFさんはお互いに筆箱をわざと分かるように隠したり，ウソか本当か分かりにくいウソをついて相手をおどろかせたりして遊んでいます。クラスの人は「またやってるよ」と笑っています。ある日，EさんがFさんの筆箱を窓から落としてクラス中が笑ったことに腹を立てたFさんは，インターネット上にEさんの名前でクラスの人の悪口を何回も書きました。それを見つけたクラスの人から，Eさんが無視されました。

| ふざけ | けんか | いじり | いじめ |

第2章　援助要請のカウンセリング　いじめ予防・未然防止編

ワークシート①-2　「いじめ」かどうか考えよう

グループ番号：

今までの自分の経験を振り返り，意見を出し合って，「実際にありそうな話」を作りましょう。

ふざけ	けんか	いじり	いじめ

場面の例

これまでの実践で用いた場面や，実践の中で作成された場面を一部修正して掲載します。

● 小学生

　仲の良いGさん，Hさん，Iさん，Jさんがいます。GさんはHさん，Iさん，Jさんから自分の嫌なところをバカにしたあだ名で呼ばれていますが，Gさんは言われても嫌な顔をせず，笑っています。次第にクラスのみんながGさんをそのあだ名で呼ぶようになりました。Hさん，Iさん，JさんはGさんの様子を見て面白がっています。

● 中学生

　クラスの多くの人はKさんに対して話しかけることはありませんが，意地悪をすることもありません。しかし，授業でのグループ分けや席替え，行事（見学旅行，職場体験等）の時にKさんと隣になったり同じグループになったりした人は，「最悪」などと言って嫌そうな顔をしたり，他の人とKさんをこっそり見て笑ったりします。Kさんは気づいているようですが，特に反応を返しません。

● 高校生

　高校に入学してしばらくした頃，Lさんはともだちと深く付き合おうとしないため，同じグループのともだちから「ノリが悪い」と言われました。その後，Lさんを除いたグループチャットができ，Lさんの悪口（「目つき悪すぎ。ウケる」など）で盛り上がるようになりました。学校では今までと変わらない様子でLさんもグループに入って話しています。

第2章　援助要請のカウンセリング　いじめ予防・未然防止編

第 **❸** 節 ………………………………………………………………………………

いじめかもしれない状況での具体的な対処法を考える（タイプ2）

（1）タイプ2・実践の特徴

● 援助要請の心理状態

　この実践は援助要請の心理のタイプ2（対処できていると思っている）と特に関連します。ここでいうタイプ2の心理状態とは、「いじめだと思ったが（問題状況の認識はある）、何もしなかったし、それで自分は巻き込まれなかった（自分なりに対処できていると思っている）」から、相談しないような状態です。いじめを見聞きした時に何もしないという子どもは多く、その理由は「関わりをもちたくないから」、「自分がいじめられたくないから」、「自分ではどうすることもできないから」、「いじめているグループが怖いから」、「自分には関係がないと思っているから」などです（東京都教職員研修センター，2014）。つまり、いじめを見聞きしても何もしないという対処によって自分の安全が守られているために、自分がいじめられる危険性を恐れながら誰かに相談することはしづらいと考えられます。

　このような心理状態に対して、「いじめられた時、どうする？」や「いじめを見聞きした時、どうする？」という問いかけはいじめについて考える時に定番のものでしょう。そして、「大人に相談する」という意見が出てくることがあります。しかし、実際には「相談したほうがいいことは分かっているが、自分を危険にさらしてまで相談したいとは思わない（から、何もしない）」というのが現実ではないでしょうか。

　本実践では第2節で紹介したように「いじめかどうかの判断は人によって違う」ことを前提として考え、「周りの人と判断が違う中で、自分はどうするか」という形で具体的な対処法を考えていきます。なお、本実践は第2節の実践と2時間続けて実施することができます。

　また、ここで紹介する実践の他にも、朝日・小坂・本田（2015）では社会的問題解決スキルトレーニングの方法を用いていじめ傍観時の対処法を考える実践を紹介しています。

● いじめ状況における立場

　主として傍観者の立場で考える実践です。

● 当事者性

　集団の中でいじめかどうかの判断が分かれる状況を想定することで子どもたち実際の集

34

団生活上の体験に近づけます。現実性（リアリティ）が高まることで当事者性を高めます。さらに，想定するいじめ状況の場面（ワークシート②-1）を子どもたちに考えてもらう（実践1で出てきた場面を使用するなど）と，さらに当事者性が高まります。

（2）タイプ2・実践紹介

目的：傍観者間でいじめの認識が違うときに，どう行動するかを考える。

対象者：公立高等学校全校生徒（各学年2学級，約180名）

実践の様子：

　実践者（筆者）はこの学校で行ういじめ未然防止活動の講師を依頼されて，50分授業1回で実施しました。全校生徒を対象に体育館で実施し，学校からの希望で学年混合ではなく学年ごとにグループを作って話し合いを行いました。まず，生徒への事前アンケートでいくつかの場面を提示し（実践1のワークシート①-1の場面を使用），それらの結果を紹介しました。特に，「この結果はこの学校の皆さんのアンケート結果です」という点を強調することで自分たちの問題として意識してもらう（当事者性を高める）ことを意図しました。次に場面の1つを取り上げて，「ある状況を『いじめかどうか』決めることよりも，このように認識が異なることを踏まえて自分がどう行動するかが重要です」と伝えます。そして，3つの状況で自分だったらどうするか（対処法）を考えてもらいました。3つの状況とは，「あなたは『いじめかもしれない』と思い，周りの多くの人も『いじめかもしれない』と思っていたとき」（ワークシート②-2），「あなたは『いじめかもしれない』と思うが，周りの多くの人は『いじめではない』と思っていたとき」（ワークシート②-3），そして「あなたは『いじめではない』と思うが，周りに『いじめかもしれない』と思う人がいたとき」（ワークシート②-4）です。

　対処法をグループで話し合い，数多くの対処法に気づくことがこの授業の一番の目的です。現実にはいじめの状況によってどんな対処法が有効かは異なるため，まずは数多くの対処法に気づいておくことで，もし自分がその状況に置かれた時に少しでも行動しやすくなることを期待します。そして，具体的な方法まで落とし込むことでより行動の実行可能性を高めます。例えば，「相談する」「いじめられている人に聞く」という対処法でも「いつ，誰に，どこで，どんなタイミングで（周囲に人がいない時，など），どんな言い方をするか」を各自が考えることで，具体的な方法が異なります。このくらい具体的な方法をグループで共有することが大切です。

　しかし，実際の話し合いでは「あなたは『いじめかも』と思うが，周りの多くの人は『いじめじゃない』と思っていた時」にグループ全員が「何もしない」と回答するグループが

ありました。このような生徒の反応が予想される場合には,「具体的な対処法を,グループで5個書きましょう」と進めたほうがよいかもしれません。

そして「先生に相談する」という対処も挙がってきますが,この実践では最終的な結論を「相談することがよい」とはしません。なぜなら,仮にいじめを見聞きした時に相談できないと判断した場合,何もしないのではなく,相談すること以外の対処法を取ってほしいためです。そのためこの実践は「相談しやすくする」実践というよりも,「いじめを見聞きした時に相談を含めた様々な対処法を知る」実践というほうが適切でしょう。

実践の考察と課題:

この実践の特徴は,相談すること以外にも様々な対処法があることに気づけることです。いじめの傍観者となった時に「何もしない」という子どもが,相談しないまでも自分にできそうな対処法を見つけることで,いじめをなくすための行動を起こしやすくなるのではと思います。

学校支援の現場からの一言

事例をもとに,本人・周囲の捉え方を検討していきます。1)本人もいじめ,周囲もいじめと感じている状況,2)本人はいじめ,周囲はいじめではないと感じている状況,3)本人も周囲の多くもいじめとは感じていないが,周りの1人がいじめと感じている場合を想像し,グループで話し合います。話し合いを通して,子どものいじめに対する意識や行動が変化する可能性があります。しかし,事例の設定が複雑なので,3つの設定の状況が理解しづらい児童生徒がいることも考えられます。その場合は,使用する設定を一つに絞るなどの工夫が必要です。いじめ被害を感じている子どもについては,配慮が必要なことは言うまでもありません。

(水野)

指導案

援助要請の心理状態：タイプ2	
プログラム	いじめの認識と行動（傍観者版）
本時の目標	傍観者間でいじめの認識が違うときに，どう行動するかを考える
資料・準備 【教師】 【子ども】	・ワークシート②-1 ～②-4（A4，1人1部） ・ストップウォッチ ・筆記用具
引用文献	以下の文献を基に，実践の状況や目的に応じて一部修正した。 ・相川充・佐藤正二（編）(2006). 実践！ソーシャルスキル教育　中学校　図書文化 ・本田真大 (2015). 援助要請のカウンセリング――「助けて」と言えない子どもと親 　への援助　金子書房

展開

	活動内容	指導・支援　○めざす子どもの姿
導入 5分	**1　本時の活動を説明する。** 「活動の約束事」：人間関係をより良くするための活動のため，約束は①あまり恥ずかしがらない，②冷やかしやからかいをしない，③積極的に参加する，を守ること	・学級の必要に応じて「活動の約束事」を確認する。 ・4人グループを作り，机を島にする。人数が合わない場合は3人または5人にする。 ・グループの番号を決めておく。
展開 30分	**2　本時の目標を知る。** 「いじめかもしれない」と思ったときにどう行動するかを考える	
	3　活動の説明を聞き，体験する。 (1) いじめを見聞きした時に重要なことを確認する （約3分）	・重要なことは，「同じ場面を見ていても，それをいじめと思うかどうかは人によって違う」こと，「『いじめかどうか』を決めることよりも，『いじめ』と思う人と思わない人がいる時に自分はどう行動するかが大切である」こと，である。
	(2) いじめかもしれない場面での具体的行動を話し合う （約15分）	・ワークシート②-1の場面を見て，ワークシート②-2 ～②-4の質問を考える。 ・自分がその場面を「いじめ」と思うかどうかにかかわらず，すべての質問について意見を出し合う。 ・「どうすることが望ましいか」という点も重要であるが，「各状況で自分にできそうなことは何か」という点からも考えるように促す。 ●自分の意見を言い，相手の意見も聴く

第2章　援助要請のカウンセリング　いじめ予防・未然防止編

37

展開 30 分	(3) お互いのグループの結果を見る （約12分）	・ いくつかのグループに具体的な行動とその 理由を発表してもらう。
まとめ 10 分	**4　本時の活動を振り返る。** 本時の活動の目標を再確認する	・ 目標を簡潔に伝え，振り返りを促す。

【全体で共有すること】
自分が「いじめ」と思うかどうか，その時周りの人がどう思っているかによって
行動しやすさが違うので，色々な行動を知っておくことが大切である。

実施上の留意点・実践前後の展開例

・ワークシート②-1の場面を用意する必要があるため，可能であれば子どもたちに考えてもらった場面を使用したほうが，子どもたちの興味を引き，より真剣な話し合いにつながりやすいと思われる。

・全グループで同一の場面を用いて具体的行動を考える活動を行うと，その後にロールプレイで実際に行動を練習する活動につなぎやすい。そのような体験活動があったほうが実際の場面でも具体的行動を発現しやすくなると思われる。

・この活動後の展開として，授業後にワークシート②-1 〜②-4を冊子にして学級の子どもたちに配布すると，学級全体で活動の結果をさらに共有できる。

ワークシート②-1　どうするかを考えよう

グループ番号：

　いじめかどうか決めることよりも,「いじめかも」と思ったときにどうするかが大切です。多くの方法（どうするか）を思いつくことで行動しやすくなります。

【場面】
　（小学校高学年）M君に対して，給食の時間に明らかに多すぎる量を盛る。M君は「そんなに食べられないよー」と笑っている。M君は体形が少し太めだが，食べる量は普通であり，見た目だけで「お前いっぱい食べるだろ」と言われてしまう。M君は全部食べられなくて困っている。

　この場面を見た時にどうするかを考えます。ワークシートの「できそうなことは？」をできるだけたくさん書いてから,状況や自分の気持ちはどうなりそうかを考えましょう。

ワークシート②-2 どうするかを考えよう

あなたは「いじめかもしれない」と思い，周りの多くの人も「いじめかもしれない」と思っていたとき

	できそうなことは？	どうなりそう？	自分の気持ちは？
1			
2			
3			
4			
5			
どうする？ (1～5の番号1つに○)	選んだ理由		

具体的な方法（いつ，どこで，どんな言い方，どんな表情など）

40

ワークシート②-3　どうするかを考えよう

あなたは「いじめかもしれない」と思うが，周りの多くの人は「いじめではない」と思っていたとき

	できそうなことは？	どうなりそう？	自分の気持ちは？
1			
2			
3			
4			
5			
	どうする？ （1〜5の番号1つに○）	選んだ理由	

具体的な方法（いつ，どこで，どんな言い方，どんな表情など）

第2章　援助要請のカウンセリング　いじめ予防・未然防止編

ワークシート②-4　どうするかを考えよう

あなたは「いじめではない」と思うが，周りに「いじめかもしれない」と思う人がいたとき

	できそうなことは？	どうなりそう？	自分の気持ちは？
1			
2			
3			
4			
5			
どうする？ （1〜5の番号1つに○）	選んだ理由		

具体的な方法（いつ，どこで，どんな言い方，どんな表情など）

42

第 4 節

相談したいと思わないいじめ被害者に「相談しよう」と思ってもらう（タイプ3）

（1） タイプ3・実践の特徴

● 援助要請の心理状態

　この実践は援助要請の心理のタイプ3（助けてほしいと思わない）と特に関連します。タイプ3の心理状態のいじめ被害者，いじめ傍観者は，抑うつや無力感が強かったり，過去に相談して嫌な思いを重ねてきたりしたために，そもそも相談したいと思わない可能性があります。

　ここで紹介する実践はグループでの話し合いの良さを活かします。話し合いをするグループの中には相談することに積極的な子どもがいたり，相談の良さや心配なことを冷静に考えられる子どもがいたりするでしょう。そのような子どもたちの意見を聞き，相談して良かった体験を聞くことで，タイプ3の心理状態の子どもが「もしそういう人がいたら相談してもいいかも」「相談するのも悪くないかもしれない」などと思いやすくなることを期待します。大人が子どもに相談するように説得するよりも，同年代の子ども同士をモデルとして相談することに前向きになってもらう機会になります。

● いじめ状況における立場

　主として相談する被害者の立場で考える実践ですが，同時に相談される傍観者の立場として自分自身を振り返ります。

● 当事者性

　事前アンケートによって子どもたちがいじめられた時に相談したい相手の特徴を聞き，その結果を使うことで子どもたちの興味・関心を高めます。さらに，順位づけの理由に個人の価値観が反映されるため，お互いに少し深い自分の思いや価値観を話すことで当事者性が引き出されます。

（2） タイプ3・実践紹介

目的：いじめの相談相手に大切な特徴を考える。

　　　　相手に配慮して自分の意見を伝え合い，結論を出す。

対象者：公立中学校全校生徒（各学年2～3学級，約250名）

第2章　援助要請のカウンセリング　いじめ予防・未然防止編　　43

実践の概要：

　実践者（筆者）はこの学校で教師と協働してソーシャルスキル教育を行っており，それとは別にいじめ未然防止活動の講師を依頼され，50分授業1回で実施しました。この実践では，もしいじめられた時に相談したい相手の特徴について事前にアンケートを取ります。この学校の結果を集計したところ，下記のような5つにまとめられました。

　・受容：話を聞いて気持ちを分かってくれる人
　・秘密：秘密を守ってくれる人
　・行動：解決しようと動いてくれる人
　・身近：自分の事も相手の事も知っている人
　・経験：自分と似た経験をしている人

　この結果を授業冒頭で紹介し，「あなたの周りにすべての特徴を持った人がいればよいですが，いつもいるとは限りません。では，自分はどの特徴を優先するか，まずは話し合わずに自分の順位をつけて，その順位にした理由を書きましょう。後で話し合いに使います」と促します。しばらくしたらグループで話し合い，グループの順位を決めます。

　この話し合いの時にワークシートの「話し合いの約束事」を確認します。特に「少数意見は無視してよい，という考え方はいじめにつながるものです。多数決で決めず少数意見も理由を聞いて話し合いましょう」，「自分の意見を押しつけたり，人の意見を『それは間違っている』などと決めつけたりせず，自分の意見を言ったら他の人にもどう思うか聞きましょう。このような話し合い方自体が，いじめとは反対のコミュニケーションとなります」という2点を強調します。この実践では相談したい人の特徴について話し合う中で自己理解と他者理解を深めることと同時に，いじめと両立しない話し合い方（少数意見も大切にする，自分の意見を押しつけず相手に聞く，など）も練習することを伝えます。

　話し合いの結果をいくつかのグループに発表してもらった後，「相談できないことや相談したいと思わないことは，その人の責任ではありません。身近に相談したいと思える人がいないこともあります」「自分はここに挙げられた特徴を持った人か，本当に困った人に相談される人であるか，振り返りましょう」と伝えます。

実践の考察と課題：

　この実践はいじめ被害者になった場合に相談したい人の特徴を考える活動ですが，同時に「いじめられたことを相談しやすい人はどんな特徴を持った人か」を考える活動でもあります。自分がいじめを見聞きした時に相談される人になろうと努力することは，いじめ

傍観者にもできることであり，いじめ被害者が相談しやすくなることでもあります。

なお，いくつかの学校でこの実践を行っていますが，話し合いが白熱して時間が足りないことがあります。そのため，例えば活動当日の朝（朝読書や朝の学習時間など）に個人の順位を書いておき，授業時にはグループでの話し合いから始めると，じっくりと話し合いを進めることができるでしょう。

学校支援の現場からの一言

このワークは相談したい人の特徴を考えることで，いじめの援助要請を促進させる可能性があります。教師は，できれば複数で関わり，話し合っている児童生徒をよく観察することが大事です。特に対人関係が苦手な子どもにとっては「相談する」という行動を考えることが重荷になるかもしれません。その場合は，教師がさり気なく隣について，考え方を整理することを援助するような関わりが大事です。この場合，「相談しない」という選択肢も尊重するようにグループ全体に確認したいです。相談することは簡単ではないですが，これからの子どもたちに必要な対処行動の一つであることを最後に強調できたらよいかもしれません。

（水野）

指導案

援助要請の心理状態：タイプ3

プログラム	相談相手に求めるもの
本時の目標	いじめの相談相手に大切な特徴を考える 相手に配慮して自分の意見を伝え合い，結論を出す
資料・準備 【教師】 【子ども】	・集計したカード（本時までに実施したもの） ・ワークシート③-1（A4，1人1枚） ・ワークシート③-2（A3，グループに1枚） ・話し合いの約束事（必要に応じて印刷） ・ストップウォッチ ・筆記用具
引用文献	以下の文献を基に，実践の状況や目的に応じて一部修正した。 ・相川充・佐藤正二（編）（2006）．実践！ソーシャルスキル教育　中学校　図書文化 ・平木典子（2007）．図解 自分の気持ちをきちんと〈伝える〉技術　PHP研究所 ・平木典子（2009）．子どものための 自分の気持ちが〈言える〉技術　PHP研究所 ・河村茂雄・品田笑子・藤村一夫（編著）（2007）．いま子どもたちに育てたい学級ソーシャルスキル　小学校高学年　図書文化 ・日本グループワークトレーニング協会（編）（2003）．GWTのすすめ──ヒトを人にする 遊戯社 ・西村宣幸（2009）．コピーしてすぐに使える ソーシャルスキルが身につくレクチャー＆ワークシート 第2版 学事出版

展開

	活動内容	指導・支援　○めざす子どもの姿
導入 5分	**1　本時の活動を説明する。** 「活動の約束事」：人間関係をより良くするための活動のため，約束は①あまり恥ずかしがらない，②冷やかしやからかいをしない，③積極的に参加する，を守ること	・学級の必要に応じて「活動の約束事」を確認する。 ・4人グループを作り，机を島にする。人数が合わない場合は3人または5人にする。 ・グループの番号を決めておく。
展開 35分	**2　本時の目標を知る。** いじめ被害時の相談相手にはどんな特徴が重要かを伝え合い，結論を出す **3　活動の説明を聞き，体験する。** (1)相談相手に求める特徴を知る（約5分）	 ・ワークシート③-1（個人用シート）を配布する。 ・本時までに生徒に実施したアンケート結果を集計し，特徴を5つ程度に集約して掲示する。

展開 35分	(2) 自分の意見を決めて記入する（約10分） 「もしあなた自身がいじめられていたとしたら，どんな人に相談したいですか？ あなたが重要だと思う特徴の順番を決めて，その理由を書いてください」	・決めることが難しい生徒がいた場合は，全体に「すべて大事な特徴だけど，すべての特徴を持った人はいないかもしれない。自分にとって何が大切か，正解はないので，考えて書きましょう」などと伝える。
	(3) グループで話し合って決める（約15分） ・自分も相手も大切にする話し合い（アイ・メッセージ）を確認する 【話し合いのポイント】 1．「私は〜と思う」と意見を言う 2．理由を言う 3．相手の意見を求める	・ワークシート③-2（グループ用シート）を配布する。 ・【話し合いの約束事】を読みながら，「いじめとは反対の，相手の意見も自分の意見も大切にする話し合いを心がけましょう」と伝える。 ●ルールを守って活動する。 ●アイ・メッセージで自分の意見を言う ●相手の方を見て話を聴く ●自分と相手の意見に折り合いをつける（一方的に妥協せず，ある程度納得する形を話し合う）
	(4) 結果を発表する（約5分）	・発表または掲示して自由に見る時間を設ける。
まとめ 5分	**4　本時の活動を振り返る。** 本時の活動の目標を再確認する	・目標を簡潔に伝え，振り返りを促す。

実施上の留意点・実践前後の展開例

・アイ・メッセージについて事前に説明し，簡単な練習をしておくと活動時に使いやすい。または，学級活動時の約束事として発表の仕方が決まっている場合はそれを代わりに使ってもよい。いじめ未然防止活動として話し合いの結果（グループの結論）も重要であるが，話し合いの過程自体においてもいじめにつながらないコミュニケーションが行われることを期待する。
・本時の活動後の展開として，「相談される人になるために，どうするか？」を考え，日頃の行動を見直し行動目標を立てる時間を設け，日常生活での行動変容を促すことにつなげる。

ワークシート③-1　相談相手に求めるもの　【個人用シート】

【いじめの相談相手に求める特徴】

1.

2.

3.

4.

5.

【重要な順番】	【理由】
第1位	
第2位	
第3位	
第4位	
第5位	

この後，グループでお互いの意見（価値観）について話し合います。

ワークシート③-2　相談相手に求めるもの 【グループ用シート】

グループ番号：

順番をグループで話し合って決めて，理由を書いて下さい。

【重要な順番】	【理由】
第1位	
第2位	
第3位	
第4位	
第5位	

　良い相談相手を見つけるためには，色々な人の意見を聞いて「どんな人に相談するとよさそうか」を幅広く考えること，そして，「自分はどんな人に相談したいか」という気持ちを見つめること，の両方を大事にしましょう。

第2章　援助要請のカウンセリング　いじめ予防・未然防止編

話し合いの約束事（掲示，板書，または口頭で説明）

【話し合いの約束事】
・ 全員が自分の意見とその理由を出し合って，話し合いましょう。
・ 相手の意見を馬鹿にしたり冷やかしたりせず，話し合いには積極的に参加しましょう。
・ グループの人に伝わりやすい言い方を練習しましょう。
　 例：「私は○○と思うけど，どう？」
・ グループの意見は，多数決や平均値などで決めずに，意見交換した上で，決めましょう。
・ 時間内に結論を出しましょう。

事前アンケートの実施方法

● 質問

　もしあなたが，学校でのいじめの被害者になったとしたら，どんな人に相談したいですか？　相談したい人の特徴を自由に書いてください。1枚の紙に1つ特徴（△△な人）を書いてください。自分の氏名は書かなくてよいです。

【考えるヒント】
誰に相談したい？→○○さん
なぜ○○さん？→　 △△だから＝特徴

● 回収方法

　A4用紙を8等分くらいに切ったカードを1人3〜5枚配布し，上述の質問への回答を書いてもらいます。回収後，似ている回答をまとめて見出し（受容，など）と説明（話を聞いて気持ちを分かってくれる人，など）を作ります。実践では，見出しと説明を使います。

　また，「回答してもらったものをまとめて，今度の授業で使います」などと予告したほうがより当事者性を引き出せるでしょう。

相談相手に求めるもの

これまでの実践から得られた特徴の中から一部を紹介します。

- 受容：話を聞いて気持ちを分かってくれる人
- 秘密：秘密を守ってくれる人
- 行動：解決しようと動いてくれる人
- 身近：自分の事も相手の事も知っている人
- 経験：自分と似た経験をしている人
- 対等：「かわいそう」などと思わずに接してくれる人
- 中立：どちらの味方にもならずに考えてくれる人
- 専門：いじめの相談を専門としている人
- 助言：解決のためのアドバイスをしてくれる人

第 **5** 節 --
身近な人や専門家にいじめの相談をためらう心理を考える（タイプ4, 5）

（1）タイプ4, 5・実践の特徴

●援助要請の心理状態

　この実践は援助要請の心理のタイプ4, 5（「助けて」と言えない）と特に関連します。タイプ4, 5の心理状態は，相談したいと思いながらも身近な人（タイプ4）やスクールカウンセラー，精神科医師などの専門家（タイプ5）に相談しない（できない，ためらう）という考えと行動の葛藤状態といえます。この葛藤を理解するためには相談に対する期待感（相談するとよいこと）と抵抗感（相談すると心配なこと）という見方が役立ちます。相談すること自体をどのように考えているかをこれらの点から整理し，最終的に相談するかどうかを考えていきます。

●いじめ状況における立場

　主として傍観者の立場で考える実践ですが，傍観者としての相談の期待感と抵抗感の中に，被害者への思いが含まれてきます。

●当事者性

　使用する場面を子どもたちの生活上よくある身近なものにすることで現実性（リアリティ）を高め，積極的な話し合いを促します。さらに，タイプ1の実践で子どもたちが作成した場面を用いるとさらに当事者性を高めることができます。

（2）タイプ4, 5・実践紹介

目的：傍観者としてのいじめの相談に対する様々な考え方に気づく。

対象者：公立高等学校全校生徒（各学年2学級，約200名）

実践の概要：

　実践者（筆者）はこの学校で教師と協働してソーシャルスキル教育を行っており，それとは別にいじめ未然防止活動の講師を依頼され，50分授業1回で実施しました。実践ではまず，いじめの相談の難しさを実態調査のデータを用いて紹介した後，ワークシートの事例を使いながら相談の期待感と抵抗感を具体的に考え，グループで話し合います。他者と話し合うことで自分にない考えに気づき，期待感も抵抗感もどちらも考え方の幅が広がります。この実践では，子どもが気づいていなかった抵抗感にわざわざ気づかせることも生

じます。そのため，相談を抑制する可能性がありますが，筆者はそれでも抵抗感に気づいたほうがよいと考えます。その理由は，相談してもいつも良い結果が得られるとは限らないため，様々な心配事（いじめ被害の相談をした時に生じ得る悪い結果）を予想した上で，それらの心配事が生じないような相談の仕方を考えることが必要だと思うからです。ワークシートのそれぞれに対しては，次のような回答が得られました。

- **相談するとよいこと**

  被害者がいじめられなくなる，みんながどう思っているかが分かる
- **相談すると心配なこと**

  巻き込まれる，解決できなかったら被害者が嫌な思いをする，被害者がチクったと勘違いされる
- **相談しないとよいこと**

  自分は安全，面倒臭くならない，周りを巻き込まなくて済む，被害者の秘密が守られる
- **相談しないと心配なこと**

  被害者を裏切るという罪悪感が生まれる，いじめられ続ける，ばれた時に先生に怒られる，被害者のことを思うと自分もきっと楽しめない

　様々な期待感と抵抗感を話し合い，自分の考え方を広げた上で，自分だったら相談するかどうかを判断します。ここでも相談することを前提に考えてもらうのではなく，相談する場合には具体的な相談の仕方（いつ，どこで，誰に，どんなタイミングで，どんな言い方で，など）を考えてもらい，相談しない場合には「相談しない代わりに何をするか」を考えてもらいます。生徒からは以下に挙げるような意見が出てきました。「相談する」という回答から具体的な相談の仕方が共有されます。また，「相談しない」という回答の中にはいじめの解決に消極的な記述もありますが，被害者に寄り添った関わりを行う記述もあり，相談すること以外にもできそうなことやしたいことを考えることが大切であると改めて気づかされました。

- **相談する**

  グループの誰か（話の合いそうな人）と直接顔を合わせて今の状態にどう思っているか聞いて自分の意見を言う

  グループの一人ひとりに明るい話をして，さりげなく聞いて，説得する

  先生と1対1で話し合える時についでに言う。その時に自分の名前は出さないでもらう

第2章　援助要請のカウンセリング　いじめ予防・未然防止編　　53

放課後に学校で先生に，今まであったことをすべて話して，ゆくゆくは先生と被害者とも話してもらって解決したい

・**相談しない（代わりにすること）**

被害者と仲良くしてグループから離れる

何もしない

被害者に一人でいることの楽しさを伝え，どんなふうに過ごせばいいか手本を見せる

被害者のことを勝手に相談できないので，まずは被害者がどうしたいのか気持ちを聞く

実践の考察と課題：

この実践は悩んで相談したい時の自分の考え方を相談への期待感と抵抗感から考える練習にもなります。

筆者としてはいじめ被害時やいじめ傍観時には信頼できる人に相談してほしいと思いますが，生徒の意見にあるように，自分でいじめを止めるように行動したり，いじめ被害者を守ったり，それらの自分たちでいじめを小さくする努力も尊重したいと思います。また，残念ながら現実にはいじめを相談しても常に解決，成功するとは限らないため，いじめだからといってむやみに相談することばかりを推奨することにも慎重にならざるを得ないと思います。自分で様々な可能性（期待感と抵抗感）に気づいた上で，より成功しやすい相談の仕方や相談相手を考えて相談できることが理想であると思いますし，これが自立的に相談できる力といえるのではないでしょうか。

学校支援の現場からの一言

いじめを発見する友人の側に立ったワークです。小学校の時に経験したいじめ被害により，その後もいじめを相談できずにいる友人に援助要請を促進するためにはどうしたらよいかを子どもに考えさせます。いじめ被害の相談をためらうのは不安や恐怖感が影響していること，援助要請を促進するには周囲のあたたかい人間関係やあたたかい学級の雰囲気，学級の中に居場所があることも大事だと気づけるとよいでしょう。学級が落ち着かない場合は，少し落ち着いてから行ったほうがよいと考えられます。事例は高校生ですが，高校生くらいになると，被害を訴える生徒の心情や，家族との関係も考慮に入れながら，援助要請の課題を考えることができると思います。　（水野）

指導案

援助要請の心理状態　タイプ4

プログラム	いじめの相談に対する考え方（傍観者版）
本時の目標	傍観者としてのいじめの相談に対する様々な考え方に気づく
資料・準備 【教師】 【子ども】	・ワークシート④-1, ④-2（A4, 1人1部） ・ストップウォッチ ・筆記用具
引用文献	以下の文献を基に，実践の状況や目的に応じて一部修正した。 ・相川充・佐藤正二（編）(2006). 実践！ソーシャルスキル教育　中学校　図書文化 ・本田真大 (2015). 援助要請のカウンセリング――「助けて」と言えない子どもと親 　への援助　金子書房

展開

	活動内容	指導・支援　○めざす子どもの姿
導入 5分	**1　本時の活動を説明する。** 「活動の約束事」：人間関係をより良くするための活動のため，約束は①あまり恥ずかしがらない，②冷やかしやからかいをしない，③積極的に参加する，を守ること	・学級の必要に応じて「活動の約束事」を確認する。 ・4人グループを作り，机を島にする。人数が合わない場合は3人または5人にする。 ・グループの番号を決めておく。
導入 35分	**2　本時の目標を知る。** いじめ傍観時の相談に対する様々な考え方に気づく	
	3　活動の説明を聞き，体験する。 (1) 事例（出来事）を読む（約5分）	・ワークシート④-1, ④-2を配布する。 ・出来事の「あなた」を自分のこととして読み，具体的なイメージを広げるように伝える。
	(2) 相談のメリット・デメリットを考えて記入する（約10分）	・相談した場合，しない場合のメリット（よいこと），デメリット（心配なこと）という4つの視点から考えるよう促す。
	(3) グループで話し合う（約8分）	・「正しい考えや間違った考えはないこと」，「様々な考え方に気づくことが大事であること」を強調し，お互いの意見を否定せずに聞くように伝える。 ●ルールを守って活動する。 ●相手の方を見て話を聴く
	(4) 相談するかどうかを決めて記入する（約7分）	・具体的に記入するように促す。

第2章　援助要請のカウンセリング　いじめ予防・未然防止編

導入 35分	(5) 結果を発表する（約5分）	・相談する・しないのどちらの意見も尊重しつつ，「上手な相談の仕方」にも注目するように伝える。時間があれば全体でいくつかの意見を発表してもらう。
まとめ 5分	**4　本時の活動を振り返る。** 本時の活動の目標を再確認する	・目標を簡潔に伝え，振り返りを促す。

実施上の留意点・実践前後の展開例

・「正しい考えや間違った考え」がないことを強調するために，活動の導入（アイスブレーキング）として正解のない二者択一の問題をグループで3分ほど話し合ってもよい（例えば，「お金（給料）を稼げるがとても忙しく休みがない仕事」と「お金（給料）は少ないが趣味の時間をもてる仕事」）。
・本時の活動後の展開として，「相談する場合の心配なことを小さくして相談しやすくなるために，どんな工夫が必要か？」を話し合い，上手な相談の仕方について具体的に考え，実際にいじめ傍観者になった時の行動につなげる。

ワークシート④-1　いじめの相談に対する考え方

【出来事】

　高校生のNさん（学年，性別はあなたと同じ）。Nさんは小学3年生の時に何度も物隠しをされて先生たちも解決しようと取り組んだが結局誰にされたのかわからず，それ以来，「物隠しの犯人かもしれない」と思って人と親しくなれず，小学校の間は友だちを作ることができなかった。中学校で同じ部活になったあなたは仲良くなり，Nさんは悩みごとをあなたにだけは話せた。

　高校に進学し同じクラスになり，Nさんはあなたの友だちグループに入った（5名）。しかしNさんは「いじめられるかもしれない」と常に疑っており，グループの人から「N，ノリが悪い。うちらといるのが嫌なの？」などと言われた。Nさんを除いた4名のグループチャット（あなたは入っている）ができてNさんの悪口（「目つき悪すぎ。ウケる」など）で盛り上がっていた。その後Nさんはグループ内で話しても無視されたり自分だけ遊びに誘われなくなったりして辛く感じ，グループから外れて一人で過ごすようになった。その様子を見てグループの人は陰で笑ったり冷やかしたりしている。あなたはNさんに「親や先生に言ったほうがいいよ」と説得するが，Nさんは「本当は相談したいけど，親も先生も信用できないし，言っても無駄だよ」と言って相談するつもりはないようである。

ワークシート④-2　いじめの相談に対する考え方

(1) あなたが誰かにNさんのこと（いじめ）を相談すると

よいこと	心配なこと
・	・
・	・
・	・
・	・

(2) あなたが誰かにNさんのこと（いじめ）を相談しないと

よいこと	心配なこと
・	・
・	・
・	・
・	・

(3) あなたがこの出来事を経験したらNさんのことを相談しますか？

相談する　・　相談しない　（どちらかに〇）

　相談する人は具体的な相談の仕方（いつ，どこで，誰に，どのような言い方で）を書きましょう。相談しない人は，相談しない代わりにすることを書きましょう。

振り返りシート

年　　組　　番　氏名

(1) 本日の活動に関する1～10の文章について，あてはまる数字一つに○をつけてください。

		あてはまらない	ややあてはまらない	どちらとも言えない	ややあてはまる	あてはまる
1	今日の活動は真剣に取り組めた	1	2	3	4	5
2	今日の活動はためになった	1	2	3	4	5
3	今日の活動は参加しやすかった	1	2	3	4	5
4	自分の考えや気持ちの理解が深まった	1	2	3	4	5
5	自分の考えや気持ちを言えた	1	2	3	4	5
6	他の人の考えや気持ちの理解が深まった	1	2	3	4	5
7	他の人の考えや気持ちを聞けた	1	2	3	4	5
8	普段仲の良い人ともっと仲良くなれた	1	2	3	4	5
9	普段関わりのない人と関わることができた	1	2	3	4	5
10	今後，もっと他の人と関わりたい	1	2	3	4	5

(2) 本日の活動の感想を書きましょう。

第2章　援助要請のカウンセリング　いじめ予防・未然防止編

第 6 節 ···
本章のまとめ

　本章では援助要請の心理状態のアセスメントに基づき，5つのタイプに対応した4つの
実践を紹介しました。実際には集団を対象に実施するとき，その集団にはタイプ1からタ
イプ5，そして相談できる子どもも含まれていると考えられます。だからこそ，様々な考
え方や意見に触れることができ，それらが個人に影響を与えます。本章の実践は，いじめ
という子ども集団で生じる問題状況に対して，子ども同士の話し合いを中心としながら相
談することについて考える実践です。だからこそいくつかの実践で記述したように，相談
することありきで授業を展開するのではなく，最終的な結論は個々の生徒に委ねる形で進
めながら，相談することの大切さや具体的な相談の仕方は共有していくような進め方を採
用しています。

　また，これらの実践は子どもの援助要請の心理を刺激するのみでなく，ワークシート
を見ることで子ども理解を深めることができます。いじめ未然防止活動として，子どもの
ワークシートの記述を丁寧に読みながら心配な子どもを把握したり，すぐに話を聞いたほ
うがよい子どもと面談したりすることが欠かせません。

第2章　援助要請のカウンセリング　いじめ予防・未然防止編

第3章

援助要請のカウンセリング
いじめ事例介入・援助編

第❶節 ⋯⋯⋯⋯⋯⋯⋯⋯⋯⋯⋯⋯⋯⋯⋯⋯⋯⋯⋯⋯⋯⋯⋯⋯⋯⋯⋯⋯⋯⋯⋯⋯⋯⋯⋯⋯
事例で学ぶいじめに対する援助要請のカウンセリング

（1）本章で紹介する実践の特徴

　本章ではいじめの渦中にいても自ら相談しない子どもの事例を例示し，援助要請のカウンセリングによるアセスメントと援助方法について考えます。

　本章の事例の特徴は以下の2つです。第一に，援助要請の心理に焦点を当てている点です。いじめに対する基本的な指導・援助の方法のみでなく，援助要請の心理，つまり「なぜこの子どもは教師から見てうまくいっていない（ニーズがある）のに，自分から相談しないのか？」という点から子どもの心理を理解し，その心理状態に応じた援助方法を加えることで，子どもに寄り添った指導・援助をしやすくなるでしょう。第二に，被害者，加害者，傍観者のそれぞれに対する援助要請のカウンセリングを考える点です。いじめへの指導・援助では集団全体への関わりが重要になります。

（2）本章で紹介する実践の留意点

　本章では援助要請の心理状態のタイプごとに事例を示し，援助要請の心理状態のアセスメント，援助方針を示した後に，援助案に関する問題と解説を掲載しています。さらに，援助要請の心理の点に限定せずにいじめ事例としてどのように援助するかを考えていただければと思います。

　本章の事例を用いた事例検討の目的は，事例に対して援助要請の心理状態をアセスメ

ントし，その結果に応じた援助方針を立てて，具体的な援助案を考える能力を高めることです。アセスメントと援助方針は事例と解説を読んで理解します。援助案は各自で考えた上で話し合いを行うことで，事例を様々な点から理解する能力と具体的な援助方法を案出する能力を高めます。研修を行う際には，「学級集団が悪い」，「家庭環境が悪い」などと原因探しに終始しないように，アセスメントと援助方針に沿って「具体的にどうするか，教師として何ができるか」に話し合いの焦点を置きます。また，いじめへの援助において学級集団づくりは重要ですが，ここでは事例の登場人物に対する個別の援助を中心に具体的に話し合うようにします。

　ここで紹介する事例は，個人が特定されないように実際の事例を複数組み合わせたり創作を加えたりした架空のものです。いじめへの基本的な指導・援助は欠かせませんが，それに加えて援助要請の心理の点から事例の子どもの心理を理解することで，子どもをより共感的に理解し，より届きやすい援助を提供できるでしょう。

　この資料は教師用の研修資料を想定して作成していますが，「教師にこの事例を相談されたスクールカウンセラー，スクールソーシャルワーカーはどのように助言するか」という見方をすることで教師以外の専門家用の研修資料として活用できます。

第❷節
事例1●問題意識（被害の自覚）のないいじめ被害者（タイプ1）

【事例1】

援助要請の心理状態：困っていない
援助者：担任教師

　高校1年生男子（A）。Aは小学生の時にアスペルガー障害と診断され，他者の感情の読み取りが苦手であり場にそぐわない発言もよくあるため，小学校高学年から友だちができず1人で過ごしており，中学校ではいじめを受けた。高校進学に際して担任と母親が1回会って話し，母親からの希望で担任教師はAを1学期の間に3回呼び出して面談をした。Aは高校でも仲の良い友だちができず，担任が話を聴いてくれることをとても喜んでいた。
　夏休み明けに担任とAが面談した時，Aは「友だちができた。楽しい」と話した。詳しく聞くと夏休み中に同じクラスの男子2人（B，C，別の中学校からの進学）とAの3人でよく遊び，Bたちに「親友だよな」と言われて肩を組まれるのがとても嬉しかったと笑顔で話した。さらに聞くうちに，夏休み中にB，Cに頼まれてジュースやゲームを10,000円分ほどおごっていたことが分かった。Aはおこづかいで払っていたが，お金が

なくなって「もうお金がない」と言うとそれ以上は要求されず，また「お前は俺たちの大事な仲間だ。今度は俺たちがおごるからな」と笑顔で言われるので信用している。しかし，B,Cは中学校の頃から非行傾向（気の弱い生徒に万引きを強要する，など）があり，担任はAの友だちとして合わないと感じていた。

Aは担任を信頼している。また母親はA本人に障害名の告知はしておらず，高校の管理職と担任には自分から診断名を伝え配慮を求めていた。担任がAから聞いた夏休みの話を母親も知っているかは分からない。

学校支援の現場からの一言

発達に偏りのある子どもは診断の有無にかかわらず，コミュニケーションの裏の意味を読み取ることが得意ではありません。こうした子どもの特性を利用し，お金を奪ったり，万引きを強要することは許しがたい人権侵害です。この事例の場合，担任はAの心情に配慮しつつも，そうした事態に発展しないよう注意深く関わっていく必要があるでしょう。こうした事例が多発すると，他の子どもに対しても模倣されたりし，学校全体が荒れてくることもあります。

（水野）

【援助要請の心理状態のアセスメントと援助方針】

Aは高校に入学してはじめて親友ができたと喜んでおり，現在の友人関係に問題意識がないどころか嬉しいことであるととらえています。しかし，教師から見ると非行傾向の生徒に都合よくたかられているように見えます。実際のところは現段階では不明ですが，教師は潜在的なニーズの可能性を把握しているもののA本人には問題意識がないために相談していない状態です。したがって，援助要請の心理状態としてはタイプ1に該当します。

タイプ1の心理状態の場合の援助方針は，第1章で紹介したアセスメントモデルの矢印を1つ戻った「問題があると思うか？」に働きかけること，すなわち「適切な問題状況の認識を促すこと」です。

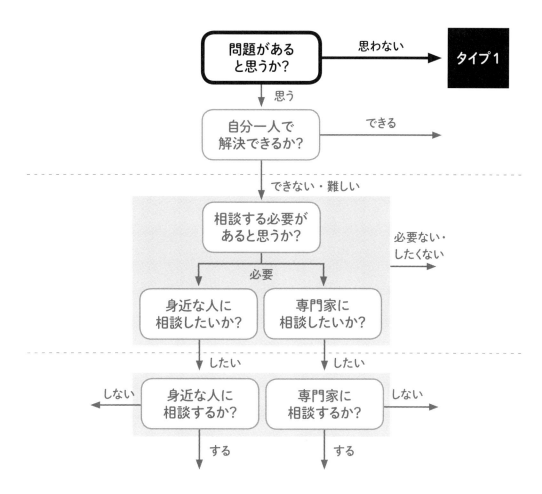

図3-1　援助要請の心理状態のアセスメント（事例1）

演習1

【援助要請の心理状態のアセスメント】 タイプ1
【援助方針】 適切な問題状況の認識を促す

[問題]

(1)【援助案の立案】Aに対して，適切な問題状況の認識を促す（「いじめられているかもしれない」と気づかせる）方法を考えましょう。

-
-
-

(2) (1)以外の点から，この事例に対して必要な援助案を具体的に書きましょう（誰に対して，何を行うか）。

66

【事例1の解説】

事例1はいじめ被害を受けている可能性が疑われるものの，生徒本人にはいじめられているという認識がありません。このように本人に問題意識がない事例の場合，教師の間でも「指導したほうがいい」，「本人が喜んでいるんだから指導の必要はない」と意見が分かれることがあります。

確かに，この事例のみでいじめが起きていると判断するのは難しいかもしれません。しかし，本人が困っていないからといって教師が何もしなかった結果，Aがお金がない時にBとCから万引きをするように言われて実行したり，家族の財布からお金を取っておごるようになったりする可能性もあります。そうなってからAへの指導を行い，後からBとCへの指導を行うことになるよりも，この事例の段階で子どもの情報を収集し援助の必要性を検討することが望ましいでしょう。言い方を変えれば，「教師はいじめと思わなかったが後からいじめだったと分かった」という事態よりも，「教師はいじめを疑ったがいじめではなかった」という事態のほうがより望ましい（子どもへの悪い影響が小さい）といえます。

【問題への回答例】

（1）**【援助案の立案】Aに対して，適切な問題状況の認識を示す（「いじめられているかもしれない」と気づかせる）方法を考えましょう。**

● **Aに対して，適切なお金の使い方を聞く。**

おこづかいをどのように管理しているか，普段お金はどのようなものに使っているかを聞きます。その話を通して，Aが適切なお金の使い方，管理の仕方を知っているかを把握し，知らない場合は教えることが必要です。

● **Aに対して，友人間での適切なお金の貸し借り方法を教える。**

AはBとCから，お互いにおごり合うことで貸し借りをなしにすると言われて，夏休み中は自分がおごっていました。一般的な感覚からすれば，10,000円ほどの金額を一方的におごっているのは適切なお金の使い方，健全な人間関係とは言い難いでしょう。Aの特性として他者の感情や真意（発言の表裏）を読みにくいところがあることを考慮すると，「おごる前によく考えなさい」といった指導では十分効果的ではないと思われます。

A自身は「はじめての親友ができた」と喜んでいますが，Aに「本当の親友ではない，付き合いをやめなさい」と伝えるのではなく，適切なお金の貸し借りの仕方と健全な友人関係のあり方を教えた上で，今のB，Cとの関係を教師は心配していることを伝える必要があります。

第3章　援助要請のカウンセリング　いじめ事例介入・援助編

（2）（1）以外の点から，この事例に対して必要な援助案を具体的に書きましょう（誰に対して，何を行うか）。

● BとCに対して，Aとの付き合い方を聞く。

　夏休み中に急に仲良くなった点について，どのような経緯で仲良くなったのか，また金銭の貸し借りが生じている点についてもBとCに聞き，Aの情報と突き合わせます。いじめの可能性を考慮し慎重に聞き取るならば，BとCの口裏合わせを防ぐために，BとCには別々の教員が（担任と副担任）同時に別室で聞き取りをするほうがよいでしょう。

● **クラスの生徒に対して，AとB，Cの様子を聞く。**

　夏休み中の様子を見ていた生徒がいればその様子を聞きます。

● Aの母親に対して，AとB，Cの関係について情報を伝える。

　Aの母親はAとB，Cの関係を知らないかもしれません。母親はA自身への配慮を求めていることから，金銭の貸し借りを行っていることも含めて学校で把握した情報として伝える必要があるでしょう。その上で母親の考えも聞き，Aに対する具体的な援助を計画していきます。

● Aの母親に，Aの金銭管理について聞く。

　例えばおこづかいの渡し方ひとつをとっても，定期的におこづかいを渡しているのか，欲しいものがある時に言われれば渡すのか，本人がお手伝いをすると少額のおこづかいを渡すのか，等さまざまな方法があります。また，「友だちにお金を貸してと言われたらどうするか」といったお金の扱い方をどの程度家庭で教えているかも知っておくとよいでしょう。これらを通じて，Aが夏休み中におごった金額（この事例では10,000円）がAにとってどの程度高額なのかも把握します。そして，Aの母親は学校にも協力的ですので，必要に応じて家庭でAに金銭管理について教えてもらうようにお願いします。

第❸節
事例2●いじめに発展しかねない友人関係を続ける加害者(タイプ2)

【事例2】
援助要請の心理状態:対処できていると思っている
援助者:担任教師

　小学校5年生女子(D)。Dは年の離れた3人姉妹(妹は5歳と4歳)の長女で,Dが小学校2年生くらいの頃から,母親(専業主婦)から長女として妹2人の面倒を見るように常に言われ,きょうだいで揉めるといつも長女のDだけが怒られ,我慢する毎日であった。Dは活発で話し好きである。小学校4年生の時に女子グループ(Dはリーダー格)への指示や命令口調でのからかいが多くなったことをきっかけに,他の女子たちから仲間外れにされたり悪口を言われたりして「いじめられている」とつらい思いをした。当時の担任教師が気づいてDとグループの女子の双方に指導し,Dは「自分が招いた結果でもあるから,友だちとの付き合い方を考え直しなさい」と指導された。Dは気をつけたが,楽しくなると指示・命令口調でからかってしまうため,仲の良かった女子たちも離れていった。

　その後,父親の仕事の都合でDは年度末に今の学校に転校した。現在(4月,小学5年生)はクラスで中心的な女子(E)のグループに入れてもらっている。その女子グループ(E,F,G,H)はよく3対1での冗談でのからかいやいじり(GとHがいじられることが多い)で盛り上がっていた。Dは転校前と同じように仲間外れや独りぼっちになることを恐れたが,たまたまEと同じアイドルのファンクラブに入っており(F,G,Hも同じアイドルが好きだがファンクラブには入っていない),DとEは急速に仲良くなった。それを機にDも冗談のつもりでグループのメンバー(F,G,H)をからかうようになった。しかし,メンバー(F,G,H)はDだけを呼び出し,「グループに入れてあげたのに,なんでうちらに偉そうにするの?」「E(リーダー)ならいいけど,なんであなたが私たちをいじってくるの?」「ていうか,何しにこの学校に来たの?」などと不満や悪口を一方的にぶつけた。Dはとても怖かったため,仕返しとしてEのいる前でF,G,Hをさらに激しくからかうようになった。F,G,Hはその場では笑ってやり過ごすが,裏では3人でDの不満を言い合っている。

　5月中旬,担任はメンバーの女子(F,G,H)がDへの不満を漏らしているのを他の児童(担任が頼りにしているしっかり者の女子)から聞き,Dにさりげなく聞いたが,「Eと仲良くなれて嬉しい。グループではちょっと嫌なこともある

けど，まあお互いに好き勝手言い合っているだけなので，大丈夫です」と言い，リーダー（E）と同じようにメンバー（F, G, H）をからかうことで仲良くできていると感じているようである。

　ちょうどその頃，Dの母親から担任に電話で，「実は転校前にいじめられたことがあり，今の学校でうまくやれているか心配だ」と相談があった。

学校支援の現場からの一言

　事例の主人公のDさんは，家庭で良い子を演じることを期待され，その期待にそって適応的な対人関係のパターンを身につけます。しかし，それは皮肉にも支配的なコミュニケーションパターンを身につけることでした。そこに転校というライフイベントが重なります。環境移行は，Dさんが慣れ親しんだ人的なネットワークの離脱を意味します。転校の時期が小学校高学年です。この時期，特に女子の友人関係には，「共通の趣味・話題を共有する（チャムグループ）」という特徴があります。この時期の女子のグループの対人関係のトラブルには注意が必要です。　　　　　（水野）

【援助要請の心理状態のアセスメントと援助方針】

　Dは同じグループのF, G, Hから一方的に責められて怖かった（グループの人間関係がうまくいってない）という問題状況に対し，グループのリーダー（E）がいる前でF, G, HをからかってEと一緒に笑うことで仕返しして気持ちがすっきりしている（それでよい，解決できている）と思っているようです。援助要請の心理はタイプ2に該当します。

　援助の必要性に関して，担任が一度聞いた時には，D自身はこの対処でうまくいっている（DはF, G, Hとお互いに言い合っているだけだから，これでよい）と思っているようです。しかし，F, G, Hの不満は募るばかりです。集団全体としてみた場合に何らかの指導・援助が必要であると言えるでしょう。

　タイプ2の心理状態の場合の援助方針は，アセスメントモデルの矢印を1つ戻った「自分一人で解決できるか？」に働きかけること，すなわち「自分で解決できる可能性を適切に判断すること」です。自分の対処行動の結果を幅広くとらえることで解決できているかどうかを考える必要があります。その中で別の対処法を見つけて取り組めば，必ずしも相談せずとも自分一人で解決できることもあるでしょう。援助者としてはタイプ1と同様，本人なりの問題意識に乏しい状況で話し合いを持ちかける必要があり，その点が難しいかもしれません。

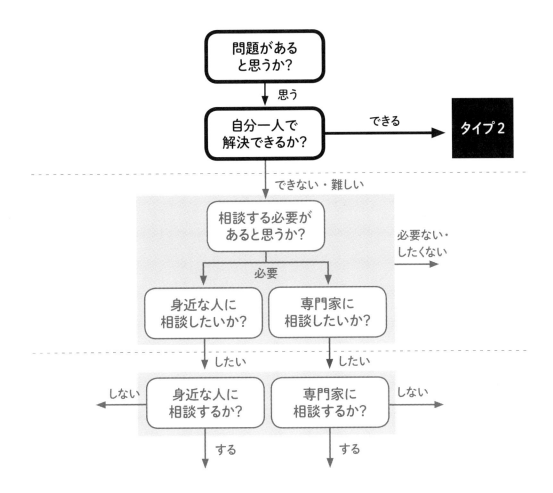

図3-2　援助要請の心理状態のアセスメント（事例2）

演習2

【援助要請の心理状態のアセスメント】 タイプ2
【援助方針】 自分で解決できる可能性を適切に判断する

問題

(1)【援助案の立案】Dが自分で解決できる可能性を適切に判断する（今の対処法［悪口の仕返しに，リーダー〈E〉がいるところでメンバー〈F, G, H〉をからかうこと］では解決できていないと分かる）ための方法を考えましょう。

- _____
- _____
- _____

(2) (1)以外の点から，この事例に対して必要な援助案を具体的に書きましょう（誰に対して，何を行うか）。

【事例2の解説】

いじめに発展しかねない，いじめの芽の状態の女子グループのトラブルといえる事例です。Dの友人関係で気になる点は，誰かを指示・命令口調でからかうことです。この対人行動のパターンは，転校前の学校でも見られ（その時はいじめに発展した），さらにさかのぼると家庭でのコミュニケーションが支配的（母親がDに妹2人の世話を全面的に任せる，母親の言うことを聞かせたら終わりでDを褒めることがない，など）であることがうかがわれます。

現在の女子グループにおいては，Dが指示・命令口調でからかうパターンで人間関係を作っていくことでF，G，Hの不満が高まり，トラブルの火種となっています。D自身の成長のためにも現在のDの対処がうまくいっていないことに気づかせ，より適切な友人関係の取り方を学ぶ機会としたいところです。そのような指導・援助がいじめの未然防止や早期発見，早期援助につながるでしょう。

この事例では，母親が心配して担任に援助を求めています。なぜこのタイミングで母親が担任に援助を求めたのかを考えることも重要でしょう。例えば，Dとの間で今までの「母親が指示して，子ども（D）が黙って従う」という関係が成立しなくなり，母親が困ったのかもしれません。その背景には学校でDが抱えるストレスや思春期への発達による親子関係の変化などが考えられ，学校で指導・援助しながら保護者と連携することが求められます。

Dには，自分の対処がうまくいっていない（余計にトラブルを大きくしている）ことを自覚させる方法を考える必要があります。もちろん教師が厳しく叱って言うことを聞かせることもできますが，この方法は「指示されて黙って従う」という関係のパターンといえます。Dはこのような関係に順応しやすい（教師の言うことを聞きやすい）と思われますが，結局Dの問題となっている対人関係のパターンを再生産することになります。できれば違う方法でDに迫ることで，Dが「一方が指示し，もう一方が従う」以外の対人関係のパターンを学習できるように指導・援助したいところです。さらに，Dが自身の対処法の問題点に気づいた後には，別の対処法を一緒に考える必要があります。

【問題の回答例】

（1）【援助案の立案】Dが自分で解決できる可能性を適切に判断する（今の対処法［悪口の仕返しに，リーダー〈E〉がいるところでメンバー〈F，G，H〉をからかうこと］では解決できていないと分かる）」ための方法を考えましょう。

第3章　援助要請のカウンセリング　いじめ事例介入・援助編　　73

●**話し合いにより，現在の問題状況に気づかせる。**

　母親の了解が得られれば，転校前の友人関係について母親から聞いたことをDに伝え，転校前に友人関係がうまくいかなかった時の自分の関わり方（対処）と現在の対処の共通点に気づかせることで，D自身に対処法がうまくいっていないこと，それにより状況を悪くしていることに気づかせます。

　また，F，G，HがなぜDの悪口を言うのかを一緒に考えます。もちろんF，G，Hの行動は望ましくないのですが，D自身の行動を変えることでF，G，Hの行動も変わる可能性があります。援助者がDを責めることなく自分のうまくない関わり方（対処）に気づかせ，その点とF，G，Hの行動の悪循環を取り出して説明できるとよいでしょう。具体的には，D自身にF，G，Hをいじめているつもりはないことや，Dが自分自身を守るためにF，G，Hに攻撃的になっていることなどに理解を示しつつ，そうはいっても行動の仕方が余計にD自身を苦しめる結果となっている点に問題の焦点を当て，教師がDと一緒に問題状況を解決する姿勢を明確にします。

●**話し合いにより，自分の対処法の結果を多角的に検討する。**

　今の対処法の短期的結果（仕返しできて気持ちがスッとするなど）と長期的結果（いつまでもF，G，Hに悪口を言われるなど），自分にとっての結果と相手にとっての結果，自分が本当に望んでいること（本当の希望や願い）と現在の状況，などの様々な点から対処法の結果を振り返ることで，Dが気づいていない問題状況に気づけるように援助します。1回の話し合いではDはこれらの観点に答えられないかもしれませんが，教師の質問が多角的に考える姿勢を刺激することになり，複数回の話し合いを通して様々な結果を予想できるようになることをめざします。また，問題解決スキルを用いた話し合い（本田，2015a）が参考になります。

（2）（1）以外の点から，この事例に対して必要な援助案を具体的に書きましょう（誰に対して，何を行うか）。

●**Eに対して，グループの人間関係について聞く。**

　休み時間の様子を注意して観察しつつ，Eに直接グループの人間関係（Eと他の児童，およびDとF，G，H）についてを尋ねることで情報収集します。特に，E自身がDとF，G，Hの関係の悪さを知っているか，またそのことで困っているか，という点を意識しながら話をします。

●**F，G，Hが持っている学校生活上の不満を聞く。**

　担任教師に直接不満を言っているわけではないので，Dのことを直接聞くのは不自然かもしれません。そのため，学校生活全体について困っていることや何とかしたいと思って

いることを一人ひとりから別々に聞く中で，Dとの人間関係に迫っていきます。あるいは「転校したDがよく一緒にいるグループであるということで，E, F, G, Hのそれぞれに Dの様子を聞く」という説明で話を聞くこともできるでしょう。

- 学級の他の児童から情報を収集する。

　他にも，この女子グループの人間関係が良くないことに気づいている児童がいるかもしれません。上述のF, G, Hへの聞き取りを兼ねて，学級の児童全員に対して短時間の面談を行うことを計画します。

- Dの母親の希望に応じて，専門家と連携して親子関係の課題を解決する。

　学校でのDへの指導・援助やその後の様子の情報を共有することはもちろんであり，担任と母親がDに対して共通の目標をもって学校と家庭で関わるとよいでしょう。とはいえ母親とDとの人間関係のパターンを変えるには母親自身の努力が必要です。これを担任からの助言で行うよりは，スクールカウンセラーなどの専門家への相談を利用しながら母親の課題（思春期の娘とのより良い親子関係の作り方）として取り組むことが必要になると思われます。

- SNS上の書き込み等に注意する。

　小学校高学年以降になるとSNS上でいじめにつながるやりとりが行われている可能性を考慮する必要があります。

- 学級全体にあたたかい人間関係のあり方を伝える。

　すでに教師のいないところで悪口の言い合いが起きている状態ですので，教師が機会を見て人の悪口を言わないように学級全体に指導することも必要でしょう。教師が言って聞かせるだけでなく，ソーシャルスキル教育や構成的グループエンカウンターなどを利用して体験的に学習しながら人間関係づくりを行うこともできます。ただし，険悪な人間関係のグループがある学級ですので，これらの予防的・開発的教育相談を行う際には一人ひとりの子どもが傷つかないように注意が必要です。

第 4 節
事例3●相談したいと思わないいじめ被害者とその友人（タイプ3）

【事例3】
援助要請の心理状態：助けてほしいと思わない
援助者：担任教師

　中学校3年生女子（I）。少し頑固な生徒である。小学校3年生の時に親が離婚し母子家庭になった頃，学校で繰り返し物隠しの被害を受けた。当時の担任は学年団や教頭，校長と一緒に解決に取り組んだが，誰がやったのかは分からないまま半年ほど続いた。小学校4年生になっても1回だけ同様の物隠しがあり，Iは「物隠しの犯人かもしれない」と周りを疑って距離を置くようになり，次第に周りも「関わってほしくないのかな」と思い，友だちができないまま卒業した。この経験からIは「友だちができなかったのは，先生たちが犯人を見つけてくれなかったからだ」と考え，教師を全く信用しなくなった。小学校5年生時，友だちができない（誰も家に友だちが来ない）ことを心配した母親がIに聞いた。Iは「犯人じゃないかって思っちゃって，誰も信用できない」と泣きながら気持ちを話したが，母親から「まだひきずっているの。もう立ち直りなさい！」，「あなたが信用しないから，周りも信用してくれないのよ！」と叱られ，それ以来，母親には何も相談しなくなった。

　中学校では同じ美術部で一人だけ仲の良い友だち（J）ができ，悩みごとはJだけに話せた。中学校3年生で同じクラスになり，Jの友だちグループに入った（5名）。しかしIは「いじめられるかもしれない」と周囲の人たちを常に疑っており，グループの女子から「I，ノリが悪い。うちらといるのが嫌なの？」などと言われた。Iを除いた4名のグループチャット（Jは入っている）ができてIの悪口（「目つき悪すぎ。ウケる」など）で盛り上がっていた。その後Iはグループ内で話しても無視されたり自分だけ遊びに誘われなくなったりしてつらく感じ，グループから外れて一人で過ごすようになった。その様子を見てグループの人は陰で笑ったり冷やかしたりしている。

　同じグループのJはその様子を心配してIに「親や先生に言ったほうがいいよ」と説得するが，Iは「親も先生も信用できない，言っても無駄だよ。相談したいと思ったこともないし」と言って相談するつもりはないようである。とはいえ，これはいじめだと思ってほっておけないJは自分の母親に相談したところ，後日Jの母親が担任に電話で伝えた。その際に，「娘のJが，『Iを助けたいけど，チクッたってばれたら私がいじめられる』と言うので，Jに内緒で電話しました」と言う。

> ### 学校支援の現場からの一言
>
> 　中学校３年生女子の事例です。Ｉさんの背後に，教師不信，また親子関係での愛着の問題を抱えている可能性がうかがえます。これは筆者の推論ですが，「人は信用できない。私は一人だ」という強固な信念がＩさんの中に存在する可能性があります。中学校の美術部ではじめて自分のことを話せるＪに出会い，Ｊさんから相談することを勧められています。Ｊさんの母親から相談を受けた担任がＩさんとどのように接するのか，Ｉさんの家庭環境や人間関係のパターン，その背後にあるＩさんの考え方や信念を考慮しながら，関わる必要があるでしょう。　　　　　　　　　（水野）

【援助要請の心理状態のアセスメントと援助方針】

　現状としてはＩ自身も困っており，自分なりの対処では解決困難なようです。そこで友人のＪが大人（親や先生）への相談を勧めますが，Ｉは過去の物隠しの被害を相談したが無駄であった経験から，教師や親に相談したいと思わなくなったようです。したがって，援助要請の心理状態はタイプ３に該当します。

　援助の必要性に関して，事例の内容をＩではなくＪの母親から聞いた担任教師は，Ｉを取り巻く女子グループの中でいじめが起きている（少なくともＪはいじめだと思っている）現状に適切な指導・援助を行う必要を感じているでしょう。

　タイプ３の心理状態の場合の援助方針は，アセスメントモデルの矢印を１つ戻った「相談する必要があると思うか？」に働きかけること，すなわち「相談する必要がある（助けてほしい）と思えるようになること」です。しかし，過去の否定的な相談経験が多いことからすぐに教師や母親に対して「助けてほしい」とは思えないことが予想されるため，この援助方針を持ちつつも，「助けてほしい」と思えないＩでも受け入れやすい援助方法を教師が提案することが重要となります。

第3章　援助要請のカウンセリング　いじめ事例介入・援助編　　　77

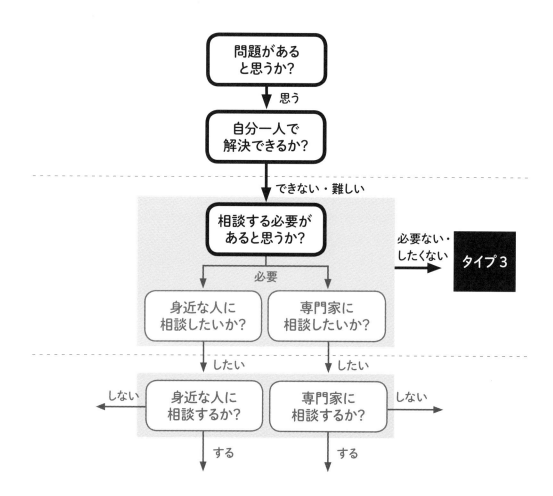

図3-3 援助要請の心理状態のアセスメント(事例3)

演習3

【援助要請の心理状態のアセスメント】 タイプ3
【援助方針】 相談する必要がある（助けてほしい）と思えること

問題

(1)【援助案の立案】I自身が「相談する必要がある（助けてほしい）」と思いやすくなるための方法を考えましょう。

-
-
-

(2) (1)以外の点から，この事例に対して必要な援助案を具体的に書きましょう（誰に対して，何を行うか）。

第3章 援助要請のカウンセリング　いじめ事例介入・援助編

【事例3の解説】

　事例3では女子グループ内での仲間外れが起きています。最初はチャットグループ上の悪口や仲間外しでしたが，次第に学校生活の中でもいじめが行われるようになりました。しかし，被害者のIは友人のJに相談するように説得されても相談しません。このような時，Iも困っていると思われますが，見ているJも心配で困り感を抱えるようになります。この事例では，Jは自分の母親に相談できています。そして母親も担任教師に相談できています。その結果，担任教師はIの女子グループ内での様子を詳しく知ることができました。このように，学級の多くの生徒や保護者にとって，教師に相談しやすいことはいじめの早期発見にもつながります。

　この事例では教師や母親に助けてほしいと思わないIに対して教師のほうから積極的に援助する必要があるため，教師が良かれと思って行った援助がIにとっては否定的に受け止められる（「誰も頼んでないのに」，「担任が勝手にしてきた」）可能性があります。タイプ3の心理状態の人は自ら援助を求めることがないだけでなく，他者から提供された援助を否定的に受け止めたり，援助を拒否したりすることもあるでしょう。このような可能性を考慮すると，Iが母親や教師に助けてほしいと思いやすくなること（この事例における援助方針）はIが困った時に自分から相談しやすくなるだけでなく，母親や教師からの援助を素直に受け取れるようになるためにも望まれることといえます。

　I本人が相談したいと思いやすくなるために，第1章で紹介した計画行動理論（Ajzen, 1991）を基に援助を考えると，相談に対する態度を肯定的にすること，Iにとっての重要な他者から相談を勧めてもらうこと，相談すること自体を容易にすること（相談しようと思えばできると思ってもらうこと），が挙げられます。いずれの援助を行うにせよ，I自身からの相談ではなく教師からの働きかけで相談の土台に上がってもらうことになるため，今回の援助を通してIに「先生に相談するのも悪くない」と思ってもらえる体験にしたいところです。

【問題の回答例】

（1）【援助案の立案】I自身が「相談する必要がある（助けてほしい）」と思いやすくなるための方法を考えましょう。

● 相談に対する態度を肯定的にする。

　現状としてI自身は大人（親，教師）に相談することに否定的であり，過去の経験を考慮するとすぐに肯定的に変容するとは考えにくいですが，少しでも肯定的になるように働きかけます。その際に，すでに否定的な態度を有していることを考えると，教師がIと個

別面談の機会を作って諭してもあまりIには響かない可能性が高いです。それよりも学級全体への働きかけを優先します。例えば学級全体に担任教師が「過去に経験した学級のいじめとそれをどのように解消したか」を体験談として話し，担任教師のいじめに対する姿勢を子どもたちに明示します。

別の方法として，Iとの関わりを増やして信頼関係を形成することも不可欠です。Iにとって，自分が困っていることに直接踏み込まれることは抵抗感が強いと思われます。そこで，少しでもIのほうから「この先生なら分かってくれるかもしれない」と思ってもらえるような信頼関係を形成することが重要です。この事例の場合，どのような教師であっても信頼してもらえないところからIとの関係を作っていくことを求められるでしょう。信頼関係はすぐに出来ることではなく，日々の積み重ねが必要になります。そのため，「Iが相談できそうな大人は誰か」という点から適切な大人を探すことも必要です。

●**Iにとっての重要な他者から相談を勧めてもらう。**

すでに親友のJから相談を勧められていますが，それでも相談しようとは思えないという状況です。担任教師としてはIにとっての重要な他者は誰であるか，情報を収集します。例えばIが保健室によく行っており養護教諭との関係が良好であれば，担任への相談を促すよりも，養護教諭がまずは話を聞いてから担任とつなぐほうが実現しやすいでしょう。

●**相談すること自体を容易にする。**

まず，教師やスクールカウンセラーに相談する具体的な方法を知らせることが重要です。特にスクールカウンセラーは勤務時間が限られているため，相談しやすい方法（予約の仕方など）を学校全体で検討しておく必要があります。

さらに，中核的な問題ではないところで相談を促します。相談内容として，中核的な問題ではないことのほうが，本当に重要なことよりも相談しやすい（容易である）と考えられるためです。例えば担任から「授業中に集中できていないみたいで，すごく疲れているように見える。一度保健室の先生に見てもらったらどう？」などと，体調や授業時の様子からIに働きかけます。あらかじめ担任と養護教諭でIの情報を共有しておくことで，体調面を相談の入り口としてI自身が困っている中核的な部分に迫っていくことを模索します。

（2）（1）**以外の点から，この事例に対して必要な援助案を具体的に書きましょう（誰に対して，何を行うか）。**

●**Jの母親に対して，Jの安全を守ることを約束する。**

危機感や善意で学校に伝えてくれた保護者に対して，まずは保護者に感謝の言葉を伝えます。そして，保護者自身の心配（Iをほっておけない，Jがいじめられるのは避けたい，

など）を丁寧に聞き，それに応える姿勢を示すことが不可欠です。具体的には，とりあえずI，Jに電話の件は内緒にしたまま学校で話し合い，今後どうするかを決めること，その中でJに「母親から電話をもらって知った」という点を伝えることになったらどのような伝え方をするか，事前にJの母親と打ち合わせること，を伝えます。

また，現在のところJと直接この話題を話せるのは母親のみであるため，母親を通して「これはやり過ぎだ，と思った書き込みは保存しておきなさい」と伝えることも検討すべきでしょう。それがIを守ることになります。

● **教員間でJの情報を共有し対策を練る。**

事例の中でJは教師に相談せず，母親に相談しています。また，母親には担任に相談することの抵抗感が語られています。そのため，性急にJを呼び出して事情を聞くことは避けたほうがよいでしょう。まずは学校の組織的対応として，教員間での情報共有と方針の決定を行い，Jの母親に伝えながらJおよびその他生徒たちへの指導・援助を始めます。

● **相手の生徒からグループの人間関係について事情を聞く。**

タイミングは十分に検討する必要がありますが，女子グループの生徒たちに事情を聞く必要があります。その際には状況をより正確に理解し，また生徒たちへの適切な指導・援助を行うために，複数の教師が生徒を一人ずつ別室で話を聞くのがよいと思われます。これにより生徒たちの口裏合わせを防ぎ，一人ひとりの行為を自覚させ，Iのみでなく相手の生徒たちもよりよく成長する機会としていきます。

第❺節
事例4●相談したいができないいじめ被害者（タイプ4, 5）

【事例3】
援助要請の心理状態：「助けて」と言えない
援助者：養護教諭

　中学校2年生女子（K）。大人しく責任感が強い生徒である。小学校は全校生徒が20名程度の小規模校（Kの学年は1人のみ）であり，学年に関係なく仲良く過ごしていた。しかし中学校は1学年約100名（35名ずつの3学級）と大規模になり，学級で居場所を見つけることができず，1年生の夏休み明けから欠席が続いた。当時の担任の家庭訪問や保護者の働きかけにより徐々に学級復帰したものの，生徒間では陰で「行事のときだけ来る」，「怠けているだけでしょ」などと言われていた。

　中学校2年生では朝から登校するが早退が多く，6月の体育祭で負けた時，「練習に来ないのに本番だけ出るなよ！」，「お前のせいで負けただろ」などと面と向かって言われ，それ以来ほとんど登校しなくなった。担任（1年生時と同じ）がK本人からこのことを聞き学級全体に指導してからは直接何かを言われることはなくなった。Kは「親が心配するから」と無理をして月に2, 3回は登校したが，登校した日は必ず教師のいないときに「今日の給食の余り，オレもらっていい？　あ，欠席いないのか」と言って男子たちが笑ったり，「昨日のあれ，面白かったよな」とKが欠席した時の授業中の出来事の話題で学級全体が盛り上がったりし，「仲間外れにされている」と感じ，登校してもつらい思いを我慢していた。

　登校時には毎回保健室に来たため，養護教諭はKからこの話を聞いていた。養護教諭がKに「親や先生に相談しないの？」と聞くと，Kは「相談したいのはしたいんだけど，でも……」と黙ってしまう。このようなやりとりが何日も続いたため，養護教諭は「親と担任に相談しなさい，私からも言うから」と伝えたが，Kは「絶対に親にも先生にも言わないで。言われたらもう，保健室に来れなくなる」と養護教諭に必死に口止めした。

> 学校支援の
> 現場からの一言

> 　中学校2年生のKさんは，小規模の小学校から中学校へ進学したのを機に学校に適応できなくなったといえます。小学校と比較すると中学校では，より積極的に友だちの輪の中に入っていく対人関係のスキルが必要となります。またKさんの事例では，Kさんの欠席を学級の他の子どもが「サボり」と決めてつけている雰囲気が存在すると思われます。担任の家庭訪問はKさん個人には成功していますが，学級全体の雰囲気はKさんに厳しいものがあります。もしかしたら，学級の中に別の人間関係の問題，担任教師と生徒の折り合いが悪いなど，があるのかもしれません。担任はKさんの援助計画とともに学級経営を見直す必要があります。
> 　　　　　　　　　　　　　　　　　　　　　　　　　　　　　　　　　　（水野）

【援助要請の心理状態のアセスメントと援助方針】

　Kは中学校で不登校を経験しながらも，親に心配かけまいと頑張って登校しています。しかし，担任の指導があってもクラスでの居心地の悪さは変わらず，つらい思いをしています。自分なりの対処としては毎日保健室に行き養護教諭と話すことですが，それだけでは学級の居心地の悪さは変わりません。自分の対処で解決できないKは親や先生に相談したいと思いつつも，相談することを迷っているようです。このような援助要請の心理状態はタイプ4に該当します。

　K自身が困っていて相談したい気持ちもあるので，Kに対して援助の必要性があると考えられるでしょう。

　タイプ4の心理状態の場合の援助方針は，アセスメントモデルの矢印を1つ戻った「身近な人に相談するか？」に働きかけること，すなわち「相談できる（助けを求められる）ようになること」です。本人の有する相談したいという意志（考え）を肯定しながら，相談できずにいること（行動）を変えていく方法を考えることになります。

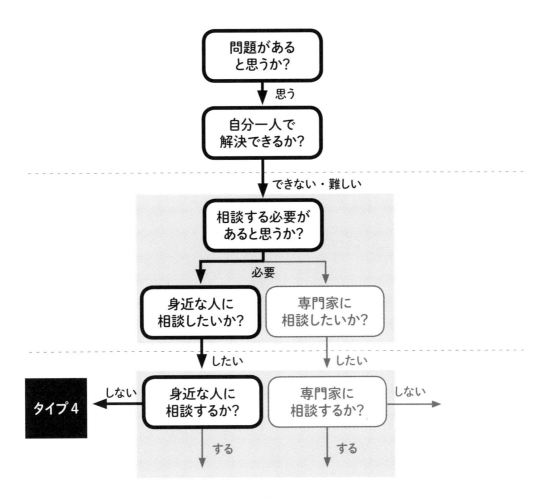

図3-4 援助要請の心理状態のアセスメント(事例4)

演習4

【援助要請の心理状態のアセスメント】 タイプ4
【援助方針】 相談できる（助けを求められる）ようになる

問題

(1)【援助案の立案】Kが身近な人に相談できる（助けを求められる）ようになるための方法を考えましょう。

-
-
-

(2)(1)以外の点から，この事例に対して必要な援助案を具体的に書きましょう（誰に対して，何を行うか）。

【事例4の解説】

　事例4では小規模の小学校から中学校に入学し，新たな人間関係をうまく作ることができずに不登校になったKに対して，進級した2年生の学級ではからかいや悪口を言われるようになりました。それでもKは頑張って断続的な登校を続けていますが，状況は改善しません。親や担任に相談したいと思いながらも（思考），相談しない（行動）心理状態です。このような心理状態は，思考と行動の間に葛藤が生じているため，カウンセリングが有効であると思います。その中で，相談の期待感と抵抗感の点から整理するとよいでしょう。

　相談の期待感とは「相談することで生じると予想されるよいこと」です。Kが養護教諭に相談できていることから，Kには「相談できる力がある」といえます。このようなKの良いところ（自助資源）を言葉にしてKと共有し，相談できる力を広げていくとよいでしょう。相談の抵抗感とは「相談することで生じると予想される心配なこと，悪いこと」であり，親や担任に対して期待感よりも抵抗感のほうが強いために相談しないと考えられます。抵抗感を具体的に聞きながら，そのような悪い予想が実現しないような環境を整えることで，相談しやすくなるでしょう。

【問題の回答例】

（1）【援助の立案】Kが身近な人に相談できる（助けを求められる）ようになるための方法を考えましょう。

●相談に対する期待感を聞く。

　具体的な聞き方としては，半田（2004, 2009）の「整理するはたらきかけ」が役立ちます。つまり，「このことを私（養護教諭）以外の誰かに相談したことはある？」「その人に何と言われた？」「それを聞いてどう思った？」という形で相談した体験を整理していくとよいでしょう。

●相談に対する抵抗感を聞く。

「担任に相談すると，どうなりそう？」と聞いてみると，本人なりの悪い予想が出てくると思われます。そして，それがどのくらい嫌なのか，もし本当に実現したらその後どうなるか，など，考えていることを聞いてみます。その後，Kの悪い予想が実現しないような環境調整を行うことを約束した上で相談することを勧めると，話し合う前よりも相談しやすくなると思います。例えば，Kが「担任に相談するとクラス全体を叱るから，その時はいいけど先生がいない時に陰で悪口がひどくなる」という抵抗感を語った場合，養護教諭は担任の学級への指導の仕方についてKの要望を聞きながら担任に依頼することでKに

とっての環境を整えます。

●スクールカウンセラーへの相談を勧める。

身近な人と専門家では相談の期待感や抵抗感が異なります。いじめの相談の場合，スクールカウンセラーは子どもにとって少し距離のある大人ですので，「相談しても担任のように具体的に動かないだろう」と思って気持ちを言えることもあります。まずはスクールカウンセラーを糸口としてＫの援助者（味方）を増やしながら，担任や親も味方になってもらう方法をＫと一緒に考えていくことがよいでしょう。

（2）（1）以外の点から，この事例に対して必要な援助案を具体的に書きましょう（誰に対して，何を行うか）。

●教室での様子を担任に伝える。

養護教諭はＫが学級で嫌な思いをしていることを把握しているため，担任に「Ｋは言わないでほしいと言っている」と前置きしたうえで情報を伝え，担任なりの指導をしてもらうように伝えることができます。しかし，担任の指導の仕方によってはＫが「養護教諭が担任に言った」と気づき，養護教諭に裏切られたと感じる恐れがあります。いじめに対しては組織的対応が重要とはいえ，このような子ども本人の思い（「担任に言わないでほしい」）を超えた方法をとる場合には慎重に進める必要があります。

第 **6** 節
本章のまとめ

　本章では4つの事例を例示し，援助要請の心理状態のアセスメントを行い，その状態に応じた援助方針の設定と援助案の検討を行いました。タイプ5に相当する事例は紹介していませんが，援助方針と援助案はタイプ4と共通するところが多いです。また，本章では「周囲の人が『いじめかもしれない』と思っても，その渦中にいる人が相談しない」という状況のいじめを取り上げています。このような状況で援助要請の心理学は真価を発揮します。

　援助要請の心理学を活かした援助（カウンセリング）は自分から相談しない人と「つながる」ための援助であり（本田，2015a），その後のいじめの解消をめざした指導・援助がよりよく行われるために役立つものです。そのため，巻末資料で紹介するような，いじめ事例に対する基本的・原則的な指導・援助方法を知っておくことは欠かせません。反対にいうと，たとえいじめへの指導・援助方法を知っていても，被害者本人が自分から相談しない時にはうまく実施できないことがあります。

　また，いじめ防止対策推進法で定められているように，いじめに対しては学校の組織的対応が求められます。さらに「チーム学校」という考え方から，学校に教師以外の援助者（スクールカウンセラー，スクールソーシャルワーカーなど）が今まで以上に多く参画することになります。つまり，学級で「いじめかもしれない」状況が起こった時に，担任教師自身が他の教師や援助者に相談できること，相談しやすい教師集団であることが重要です。本書では十分に扱っていませんが，相談しやすい教師・援助者集団の雰囲気のある学校をめざしたいものです。

第4章

「助けて」が言える子ども，「助けて」に気づける援助者になるために

第❶節
本書の実践の限界と今後の課題

　本書では，これまで繰り返し必要性が指摘されつつも具体的な方法に乏しかった「いじめを相談しない心理」に直接アプローチする実践を紹介しました。しかし，本書の実践にはいくつかの限界と課題があります。本節で取り上げる限界と課題を把握した上で，本書の実践を子どもたちや学校の実態に合わせて活用していただければと思います。

（1）実践効果の検証

　本書の第2章，第3章で紹介した方法は援助要請の研究知見に基づいて構成されており，一定の妥当性のあるプログラムであると判断しています。しかし，一つひとつの実践の効果を実証的には検討していないという限界があります。本書の実践を行い，その効果を検証する際には以下の点に留意する必要があるでしょう。

●いじめ未然防止活動の実践効果の検証

　まず，いじめの報告数を効果の指標とすることについて考えます。本実践では「いじめ（かもしれない）状況で被害者・傍観者が相談できる」ことを大きなねらいとしているため，実践の効果があった場合，「いじめの報告数の増加」が見込まれます。一方で，実践を通して学級全体で「いじめかもしれないと思ったら相談しよう」という雰囲気づくりが行われることでいじめの発生自体が抑制される可能性があります。そうなると「いじめの報告数の減少」という結果につながりそうです。つまり，いじめの相談をできるようになることをねらいとした本書の実践の効果をいじめの報告数で検証することは難しいといえるで

しょう。

　そこで効果を検証する方法としては，相談すること（援助要請）の心理面をとらえることになります。例えば本田（2015c）は第1章で紹介した援助要請の心理状態のアセスメントモデルに沿った質問を行うことで，いじめの場面で子どもがどのような心理になるかを尋ねています。実践前後でこの質問を尋ね，実践後には「問題ない」（タイプ1）などの回答数が減少し，「相談する」という回答数が増えていれば，いじめ被害時・傍観時に相談しようという意図が高まっていると判断でき，実践が効果的であったといえるでしょう。同様に，援助要請に対する認知（考え方）を測定する被援助志向性尺度（本田ら, 2011）を実践前後で尋ねて得点を比較し，期待感が高まり抵抗感が低くなるという結果が得られれば実践の効果があったといえるでしょう。

●**相談しないいじめ事例検討会の効果の検証**

　第3章で紹介した資料を用いた事例検討会を行う目的は，事例に対して援助要請の心理状態をアセスメントし，その結果に応じた援助方針を立てて具体的な援助案を考える能力を高めることです。この一連の能力は，ニーズがあっても相談しない子どもに気づけること，相談しない心理を適切にアセスメントできること，相談しない心理に応じた援助ができること，という3つに分けられます。したがって，実践の効果を検証する際にはこれら3点の能力が向上したかどうかを把握する必要があります。

　現在のところ，これらの能力を測定する心理尺度は開発されていません。実践の効果検証に活用できる心理尺度を開発することが今後の課題となります。そのため十分な方法とはいえませんが，教師対象の事例検討会の前後に学級の子どもたちに担任教師について3つの能力を尋ねる質問（例えば，「先生は困っている児童生徒にすぐに気づく」，「先生は困っていても言えない児童生徒の気持ちを分かってくれる」，「先生は困っていても言えない児童生徒にやさしく接してくれる」）をして，事例検討会後（1カ月後など）に得点が向上するかどうかを検証することはできそうです。

　そして，相談を受けた後の教師・学校の指導・援助が重要です。教師が一人で抱え込まず，複数の教職員で動くことが不可欠であり，そのような学校組織づくりが欠かせません。

（2）上手に相談する方法（援助要請スキル）を学習するプログラムの追加

　本書で紹介した実践を体験しても，子どもたちは「相談したことでかえっていじめがひどくならないか」と心配するかもしれません。残念ながら，「相談後に状況が悪化してしまうことは絶対にない」とは言い切れません。そこで重要になるのは上手な相談の仕方（援助要請スキル）を学ぶことです。いじめ被害時，いじめ傍観時，そしていじめ加害者グルー

プにいるがいじめを止めたいと思った時など，いじめの状況に特化した上手な相談の仕方
を明らかにし，その方法をロールプレイなどで練習するプログラムを追加できるとよいで
しょう。

（3）ネットいじめの援助要請の研究と実践

近年ではネットいじめも深刻な問題となっています。本書では十分取り上げることはで
きませんでしたが，ネットいじめの相談の難しさも検討する必要があります。

●ネットいじめの実態

平成 27 年度「児童生徒の問題行動等生徒指導上の諸問題に関する調査」結果（速報値）
（文部科学省初等中等教育局児童生徒課，平成 28 年 10 月 27 日）の「いじめの態様」を見
ると，「パソコンや携帯電話等で，ひぼう・中傷や嫌なことをされる」の割合は 4.1%（小：
1.4%，中：7.8%，高：18.7%，特：8.1%）となっています。しかしこの 1 項目の調査のみ
ではネットいじめの実態を十分に把握することはできず，加納（2016）は少なくともネッ
トいじめの全貌，投稿，噂，脅迫，なりすまし，の 5 つを問うことが欠かせないとし，具
体的な項目を提案しています。

また，日本の児童生徒を対象としたネットいじめの実態調査をまとめた下田（2014）
によれば，ネットいじめの被害率は 0 ～ 14.5%，加害率は 0.1 ～ 15.7% と，調査項目の内
容や経験を問う期間によってかなりのばらつきがあります。

●ネットいじめの相談の難しさ

竹内（2014）は大阪府の小中学生を対象としたアンケート調査の結果から，「ケータイ」
や「スマホ」で困った時の相談相手に教師が選ばれにくいことを紹介しています。そして，
大人は何かあったら相談に乗ること，自分はスマホやネットに詳しくなくても，「詳しい
人を知っている」と伝えること，どう対処するかは子どもに相談しながら進めること，の
3 点を子どもに話しておくことが重要であると述べています。

ネットいじめの未然防止やいじめの芽の時点でどうするかを考える実践はすでにいくつ
か報告されています（朝日ら，2015；本田，2015b）。上述の相談しづらさに関する指摘も
踏まえて，ネットいじめ特有の相談しづらさを解明し，相談しづらさに働きかける具体的
方法を模索することが今後の課題です。

第**❷**節
「助けて」が言える子どもに育つためには

　いじめの被害者や傍観者に限らず，相談できることは社会で生きていく上で必要な能力です。ここでは援助要請の心理学の観点から，「助けて」が言える子どもに育つことについて解説します。

　第1章で書いたように，相談することの難しさは，相談をしないこと（過少，回避的），相談をしすぎること（過剰，依存的），そして相談がうまくないこと（非機能的）という3つです。「助けて」が言える子どもに育つことを考える時，まずは相談をしないことについて考える必要があります。その上で，ただ相談すればよいのではなく，上手に相談する力（援助要請スキル）を高めることも考えます。

（1）相談できる力を高める

　本田（2017）は，教師や保護者など子どもの身近な人が「ニーズがあるのに相談しない子ども」に気づき，その時に子どもが相談しない理由を「困っていない」（タイプ1・タイプ2），「助けてほしいと思わない」（タイプ3），「『助けて』と言えない」（タイプ4, 5）のどれに近いのかを考え，想定した理由に合わせた援助を通して相談できる力を高める方法を紹介しています。ここでは本田（2017）で紹介された方法を基に解説します。

　「困っていない」から相談しない子どもには，適切に問題状況を認識できる力を高めることが必要です。「これはいじめなんだよ」「いじめられることは，あなたのせいじゃないんだよ」といった子どもへの心理教育により，問題状況に気づける力や適切に悩む力を高めることが必要です。また，困っていることに自分なりに対処している子どもには，その対処法の有効性や問題点について多角的に検討する話し合いが必要です。

　「助けてほしいと思わない」から相談しない子どもへの援助として，本田（2015a）は「できる範囲で誰かを助ける役割を取ってもらう」という方法を提案しています。自分が援助者（手伝いをする人）として行動した時の相手（手伝ってもらった人）の反応を見ることで，相手が良い反応（感謝する，助かったことを言葉で伝える，など）を示すと，「助けてもらうのも悪くない」と思いやすくなると考えられます。

　「『助けて』と言えない」から相談しない子どもには，相談に対する期待感と抵抗感を聞き，考え方を整理することを手伝います。例えば，教師が子どもにスクールカウンセラーへの相談を勧める時に子どもが難色を示す場合には，「カウンセラーの先生に相談したら，そ

の後どうなりそう？」と子どもなりの予測を聞きます。多くの場合は否定的な予測をしているため（「言いたくないことまで言わされそう」），教師の有する情報を伝えて抵抗感を和らげることができるでしょう（「カウンセラーの先生は話す人の気持ちを考えてくれる人だよ」）。

　ここで紹介した方法の他にも，第1章で述べた各タイプへの援助方法も「助けて」が言える子どもに育てる上で参考になるでしょう。

（2）相談する際のソーシャルスキル（援助要請スキル）を高める

　せっかく相談しても「アドバイスが欲しかったのに聴いてもらっただけで物足りない」「ただ聴いてほしかっただけなのにアドバイスされて困った」という体験をする場合には，援助要請スキルが低い可能性があります。

　相談しない子どもにただ相談することを促しても，相談した結果が否定的であれば子どものためになりません。そのため，上手な相談の仕方である援助要請スキルが重要になります。援助要請スキルのポイントは，困りごとを自分なりに整理し自己理解すること，援助を求める方法や相手を複数考えて決めること，言葉や身振りで自分の困りごとを伝えること，の3つです（本田・新井・石隈，2010）。

　困りごとを自分なりに整理し自己理解するためには，困りごとの大枠をとらえることがよいでしょう。とても悩んでいるときには，自分でも自分が何に困っているのかがはっきり分からないことがあります。考えも感情も複雑に混ざり合っている状態です。そこで，まずは自分でも自分が困っているのは勉強のことなのか，人間関係のことなのか，進路のことなのか，などと大きくとらえてみます。

　援助を求める方法には，相手に直接頼む，話しやすい他者に協力してもらって相談したい相手に伝える，対面しない方法（メールなど），など様々です。たくさんの方法を考えた上で適切な方法を選択できるとよいでしょう。

　相談相手を複数考えて決めるためには，本書の第2章第5節の実践方法が参考になります。相談相手を複数想定し，その人に相談することの期待感（よいこと）と抵抗感（心配なこと）を幅広く考えて相談相手を決めます。

　そして，言葉や身振りで困りごとを伝える力を高めることも大切です。自分の考えや気持ちを話すことがもともと苦手な人は，それだけで相談することの難しさを感じてしまうでしょう。とはいえ本当に悩んでいて相談する場合，相談相手が教師やスクールカウンセラーであれば，たとえ表現が十分でなくても分かろうと努力してくれると思います。

94

表4-1　小学生の親の援助要請感受性（本田・本田, 2014を基に作成）

内容	実際の様子（例）
攻撃的・反抗的行動の増加	・いつもは一人で読書をしながらのんびり過ごしているのに、きょうだいと衝突しやすい ・とにかく機嫌が悪い ・言葉（会話の中で）がきつくなる ・言うことを全くきかない
学校関連刺激への反応の変化	・帰宅後の玄関先での「ただいま」の声に元気がないとき ・下校に時間がかかる ・学校のことを聞くと嫌な顔をして話をしない ・めったに学校を休まないのに「今日は休みたいな…」とぽつりと言った
甘え行動の増加	・いつもはあまり近寄ってこないが、膝の上に座ってきたりする ・親の顔を見ながらどこかこわばった感じで何回も見てくる
引っ込み思案行動の増加	・いつもはよく喋るのにあまり喋らなくなる ・いつもにぎやかなのにどことなく大人しい ・「疲れたー」と何度も言う
心身の反応の変化	・食事に集中できなくなる ・表情が変わる ・お腹が頻繁に痛くなる
対人関係希求の変化	・いつも遊んでいた友だちと遊ばずに家にいることが多くなった ・勉強するときは自分の部屋でしなさいと言うが、皆がいる居間でやりたがる

第❸節
「助けて」に気づける援助者になるためには

　援助要請の心理を考える上で重要なことは、「相談しない（できない）ことを本人の責任にしない」ことです（本田, 2015a）。子どもなりに助けてほしい素振りを見せても周囲の大人に気づかれない時、子どもの相談できる力を高めることは重要ですが、他方で周囲の大人が変わることも重要です。言い換えれば、「助けて」が届かない学校や社会が変わり、教師やスクールカウンセラーが子どもの「助けて」に気づける援助者になることが求められます。具体的には以下の点が重要になります。

（1）子どもの助けてほしい気持ちに気づく能力を磨く

　子どもの助けてほしい気持ちに気づける能力は援助要請感受性と呼ばれます（本田・本

田，2014）。生活を送る中で子どもの些細な変化に気づいたとき，それは子どものストレスや問題を抱えた兆候かもしれません。教師の研究はありませんが，小学生の保護者を対象とした研究からは，保護者は表4-1のような状態から子どもの助けてほしい気持ちを感じ取るようです（本田・本田，2014）。これらの内容は普段と違う様子に気づくポイントともいえます。なお，これらは保護者が子どもを見て「何か困っていて助けてほしいんじゃないか」と気づくポイントではありますが，子どもが本当に困っているのか，助けてほしいのかは分かりません。もちろん大人が心配しすぎることはよくないので，これらのポイントを参考にしつつ，子どもの助けてほしい気持ちに的確に気づける力が大切です。

（2）子どもが相談したい人の特徴を知る

　子どもに「相談したい」と思ってもらえる信頼関係を築くことが何より重要です。子どもが相談しない時は身近に相談したいと思える相手がいない時かもしれません。相談したい人の特徴は援助特性と呼ばれます（谷島，2010）。本書の第2章第4節で紹介した「いじめの相談相手に求めるもの」の実践で扱っている内容がこの援助特性であり，子どもの記述からいじめの相談をしたい人の特徴（援助特性）を把握できます。相談してくれない子どもを責めるばかりではなく，「自分は相談したいと思ってもらえる関係を作ってきたのか」を見直すことも大切にしましょう。

第❹節 ··

「助けて」が届かない学校や社会が変わるためには

　本書では子どもがいじめを相談することの難しさを解説し，相談できる力を育てるための実践を紹介しました。しかし，相談することが難しいのは子どもだけではありません。教師には教師の（本田，2014），保護者には保護者の（本田，2015a）相談しづらさがあります。教師や保護者のみでなく，本田（2015a）は現代社会における「助けることと助けられること」の難しさを紹介しています。

　筆者は，現代社会は地域差はあれど，「助けないし，助けてもらわない」というお互い様の社会であると感じています。かつての地域社会では当たり前であった「助けるし，助けてもらう」という「支え合いのお互い様」を作り上げていくことが相談できない子どもたちを支える上で重要です。そのような地域社会づくりをめざす上で，まずは「支え合いのお互い様」にあふれた学校づくりをめざしたいです。事態が大ごとになってから子どもに相談された時，「なんでもっと早く言わなかったの」と叱るのではなく，「ごめんね，気

づけなくて」と心から言える大人でありたいと思います。

「助けて」が届かない学校や社会にいるのは私たちであり，変えることができるのも私たちです。自分の身近なところから「支え合いのお互い様」を広げてましょう。

巻末資料

いじめ被害者・加害者に対する援助の基本

（河村, 2007a, b；三木, 2012；田村, 2012a, bを基に作成）

1 いじめ被害者への援助

（1）被害者への援助

・ あなたは悪くないこと，どんな動機であってもいじめは悪いことであること，をはっきりと伝える。

・ 被害者から，事実－認知（事実のとらえ方）－感情を分けて聴く。

・ いじめの事実は，いつ，どこで，誰が（人数），どんなことを，いつ頃からなど具体的に聞き，記録に残しておく。

・ 深刻さによっては緊急避難先を確保する（休み時間は保健室で過ごすなど）。

・ 話してくれたことに感謝する。

・ つらくなったらいつでもすぐ教師に言いにくるように伝える。

・ 本人の希望を尊重した指導・援助を行うことを約束する。

　例：席替え，加害者への指導，学級への指導，休み時間の教師の見守り，等

・ 不眠や自殺念慮を訴える場合には，専門機関と連携する。

（2）被害者の保護者への援助（事実関係の報告）

・ 常に誠意のある対応を心掛ける。

　例：保護者の訴え（怒り，心配等）を聴く，学校の対応を説明する，子どもの変化を伝える，分からないことは憶測で答えず調査して報告すると伝える。

・ 保護者の不安には丁寧に共感しながら，具体的内容で対応を伝える。

・ 子どもがつらく感じたことに言及しながら事実関係を説明・報告する（理路整然と話すよりも重要）。

・ 被害者の子どもの落ち度を指摘することは言わない。

　悪い例：「○○さんにも…な点は直してほしい」

2 いじめ加害者への援助

（1）加害者への援助（事実関係の聴き方）

・ リーダーではない子どもから1人ずつ事情を聴く（口裏合わせの防止，多面的理解）。人数が多い場合は複数の教師で並行して聴き取り，数日で終える。

98

- 加害者をとがめる雰囲気で話を聴かない（その場では謝るが「言いつけられた」と余計にいじめる可能性がある）。
- 「加害者も援助が必要な子どもである」という姿勢で聴く。
- いじめの事実関係を把握した後で，加害者の保護者に連絡し協力を求める。
- 「○○さんが…と言っていた」という他の加害者の情報は，「○○さんには後でゆっくり聴くことになっているから，今はあなたのことを話してほしい」と焦点を本人に当てる。
- 話の内容を確認し，また分からないことがあったら聴くので協力してほしいと約束して終える。
- いじめの背景にある感情（イライラしていた，うらやましかった，など）に焦点を当て，いじめ以外の方法で対処できるように援助する。

（2）加害者の保護者への援助（事実関係の伝え方等）

- 「いじめ」の言葉を使うより，事実を話す。
- 加害者の人格否定はしない。

  悪い例：「こんなことをするなんて，どうしようもない奴だ」
- 謝罪がすべてではないことを必要に応じて伝える（いじめ解消の一部）。
- 加害者の子どもも，今後継続して援助が必要なことを伝える。
- 定期的に加害者の学校生活での努力（良いところ）を連絡する。
- 家庭での規範意識や思いやりの心の育成に協力を求める。
- 子どもの行動，持ち物，お金づかいの変化に気づき，学校と情報を共有する。

3　被害者の保護者からいじめの訴えがあった場合

- 事実－認知（事実のとらえ方）－感情を分けて聴く。

  例：「いじめられている」→「仲良し4人グループの関係を，1人がいじめととらえて悩み，親がとても心配している」
- 教師の憶測で話さない（感情を逆なでする恐れがある）。
- 早急な対応をせかす保護者に対しては，「○月○日までに状況確認します」と次回面談日を決める。
- 「子どものつらい状況を取り除くこと」，「加害者と見られる子どもたちと仲良く学校生活を送れるように援助すること」という2点の目標を共有する。

巻末資料

引用文献

相川 充・佐藤正二 (2006) 実践! ソーシャルスキル教育 中学校――対人関係能力を育てる授業の最前線 図書文化

Ajzen I. (1991) The theory of planned behavior. *Organizational Behavior and Human Decision Processes*, **50**, 179-211.

朝日真奈・小坂浩嗣・本田真大 (2015) ネットいじめと自殺予防教育 精神科治療学, **30**, 529-534.

半田一郎 (2004) 学校心理士によるカウンセリングの方法 石隈利紀・玉瀬耕治・緒方明子・松永裕希 (編) 講座「学校心理士――理論と実践」2 学校心理士による心理教育的援助サービス 北大路書房, pp.152-163.

半田一郎 (2009) 子どもが活用するスクールカウンセラーと自由来室活動 石隈利紀 (監修) 水野治久 (編) 学校での効果的な援助をめざして――学校心理学の最前線 ナカニシヤ出版, pp.125-134.

本田真大 (2014)「助けて」と言えない教師,「助けて」が届かない学校――援助要請の心理学から見える こと 児童心理, **68 (12)**, 19-24.

本田真大 (2015a) 援助要請のカウンセリング――「助けて」と言えない子どもと親への援助 金子書房

本田真大 (2015b) インターネット上のコミュニケーションスキルトレーニング――定時制高校生の感情・認知・行動に焦点を当てた介入の試み 日本学校心理学会第17回大会プログラム＆発表抄録集, 29.

本田真大 (2015c) 高等学校における援助要請に焦点を当てたネットいじめ未然防止活動の実践 日本学校心理士会2015年度大会発表論文集, 34-35.

本田真大 (2017) 子どもの「相談できる力」を育てる――援助要請の心理学 月刊学校教育相談, **31 (2)**, 18-21.

本田真大・新井邦二郎・石隈利紀 (2010) 援助要請スキル尺度の作成 学校心理学研究, **10**, 33-40.

本田真大・新井邦二郎・石隈利紀 (2011) 中学生の友人, 教師, 家族に対する被援助志向性尺度の作成 カウンセリング研究, **44**, 254-263.

本田真大・本田泰代 (2014) 小学生の援助要請意図に対する親の知覚に関する探索的検討――援助要請感受性の概念化の試み 北海道教育大学紀要 教育科学編, **65 (1)**, 167-173.

ひょうごユースネットケア推進会議 (2014) 子どもの生活といじめ・不登校等に関する意識調査 兵庫県庁 http://web.pref.hyogo.jp/press/20140325_2374cf790cc9fe1949257ca600070421.html (2014年7月4日)

加納寛子 (2016) ネットいじめへの対処　加納寛子 (編著) ネットいじめの構造と対処・予防　金子書房, pp.80-109.

河村茂雄 (2007a) いじめの加害者となった子どもの保護者への対応　河村茂雄 (編) 教師のための失敗しない保護者対応の鉄則　学陽書房, pp.153-160.

河村茂雄 (2007b) 子どものいじめを訴えてきた保護者への対応　河村茂雄 (編) 教師のための失敗しない保護者対応の鉄則　学陽書房, pp.147-152.

河村茂雄 (2007c) 教師のための失敗しない保護者対応の鉄則 学陽書房

黒川雅幸 (2010) いじめ被害とストレス反応, 仲間関係, 学校適応感との関連——電子いじめ被害も含めた検討　カウンセリング研究, **43**, 171-181.

Leach, L. S. & Rickwood, D. J. (2009) The impact of school bullying on adolescents' psychosocial resources and help-seeking intentions. *Advances in School Mental Health Promotion*, **2** (**2**) , 30-39.

三藤祥子・笠井孝久・濱口佳和・中澤 潤 (1999) いじめ行為の評価と分類　千葉大学教育実践研究, **6**, 191-200.

三木由克 (2012) 教師としての対応　相馬誠一・佐藤節子・懸川武史 (編著) 入門いじめ対策——小・中・高のいじめ事例から自殺予防まで　学事出版, pp.39-44.

水野治久 (2007) 中学生が援助を求める時の意識・態度に応じた援助サービスシステムの開発 文部科学省科学研究費補助金・研究成果報告書

水野治久・山口豊一・石隈利紀 (2009) 中学生のスクールカウンセラーに対する被援助志向性——接触仮説に焦点をあてて　コミュニティ心理学研究, **12**, 170-180.

文部科学省初等中等教育局児童生徒課 (2016) 平成27年度「児童生徒の問題行動等生徒指導上の諸問題に関する調査」(速報値) について

http://www.mext.go.jp/b_menu/houdou/28/10/__icsFiles/afieldfile/2016/10/27/1378692_001.pdf (2017年2月14日).

森田洋司・清永賢二 (1994) 新訂版 いじめ——教室の病　金子書房

森田洋司・滝充・秦 政春・星野周弘・岩井彌一 (1999) 日本のいじめ——予防・対応に生かすデータ集　金子書房

永井　智 (2012) 中学生における援助要請意図に関連する要因——援助要請対象, 悩み, 抑うつを中心として　健康心理学研究, **25**, 83-92.

中井久夫 (1997) アリアドネからの糸　みすず書房

Newman, R. S., Murray, B., & Lussier, C. (2001) Confrontation with aggressive peers at school: Students' reluctance to seek help from the teacher. *Journal of Educational Association*, **93**, 398-

410.

岡安孝弘・高山 巌 (2010) 中学校におけるいじめ被害者および加害者の心理的ストレス　教育心理学研究, **48**, 410-421.

下田芳幸 (2014) 日本の小中学生を対象としたいじめに関する心理学的研究の動向　富山大学人間発達学研究実践総合センター紀要 教育実践研究, **8**, 23-37.

竹内和雄 (2014) スマホやネットが苦手でも迷わない！ スマホ時代に対応する生徒指導・教育相談　ほんの森出版

田村修一 (2015) 小学校における「いじめ」の被害者・傍観者の被援助志向性　日本教育工学会論文誌, **39**, 33-36.

田村節子 (2012a) いじめられている子どもとのコミュニケーション 海保博之・田村節子 養護教諭のコミュニケーション──子どもへの対応, 保護者・教師間連携のポイント 少年写真新聞社, pp. 134-137.

田村節子 (2012b) いじめている子どもとのコミュニケーション 海保博之・田村節子 養護教諭のコミュニケーション──子どもへの対応, 保護者・教師間連携のポイント 少年写真新聞社, pp. 138-141.

戸田有一 (2011) いじめられる側にも問題があるのか──いじめ現象の理解といじめ対策実践の再考 大久保智生・牧 郁子 (編) 実践を振り返る教育心理学──教育心理にまつわる言説を疑う　ナカニシヤ出版, pp.97-111.

戸田有一・ダグマー＝ストロマイヤ・クリスティアーナ＝スピール (2008) 人をおいつめるいじめ──集団化と無力化のプロセス　加藤 司・谷口弘一 (編) 対人関係のダークサイド　北大路書房, pp.117-131.

東京都教職員研修センター (2014) いじめ問題に関する研究報告書
http://www.metro.tokyo.jp/INET/CHOUSA/2014/02/60o2d100.htm (2017 年 2 月 14 日).

谷島弘二 (2010) 教師が学校コンサルタントに求める援助特性に関する検討　教育心理学研究, **58**, 57-68.

おわりに

　前著で提案した援助要請のカウンセリングについて，本書では集団対象の介入（いじめ未然防止活動），ならびに援助要請のカウンセリングを学ぶための研修（事例検討）資料を紹介しました。本書の執筆を通して援助要請の理論と実践のつながりをさらに深めることができたと実感しています。

　本書を執筆する機会をいただきました金子書房の井上誠様，天満綾様に大変感謝しています。前著執筆の機会をいただいたご縁で本書にもたくさんのお力をいただきました。また，本書で紹介したいじめ未然防止活動は地域の学校で実践し改良を重ねたものであり，事例検討資料は教師やスクールカウンセラーなどの援助者を対象とした研修会で使用し改良してきたものです。本書はこれらの現場での実践の機会がなければ完成しませんでした。筆者に様々な依頼をくださった学校・教育委員会の皆様，私の実践（授業）や研修会に参加してくださった子どもたちと援助者の皆様，その他多くの機会をいただきました皆様に感謝申しあげます。

　さらに，これらのいじめ未然防止活動と事例検討資料については，援助要請や学校心理学の研究と実践を専門とする水野治久先生（大阪教育大学）のご助言により，現場の多くの先生方に伝わりやすい資料にできました。多大なお力添えをいただき，誠にありがとうございました。そして本書の第2章，第3章のイラストは北海道教育大学教育学部函館校3年次（当時）の渡辺柚さんに描いていただいたものを使用しました。実践や事例のイメージが伝わる，とても満足のいくイラストに仕上げてもらえました。ありがとうございました。最後に，これまで研究と臨床にご指導いただきました先生方，前著の出版を大変喜んでくれた故郷の家族をはじめ親族の方々，「どうして，おやすみのひに，おしごとするの？」と問い，私自身の生き方を見直させてくれる3歳（当時）の娘に感謝します。

　今後も研究者（科学者）・実践家として，援助要請の研究と臨床実践の結びつきをさらに強める努力を重ねていきたいと思います。

2017年2月　本田真大

著者紹介

本田真大（ほんだ まさひろ）

北海道教育大学教育学部函館校　准教授
博士（心理学），臨床心理士，学校心理士
新潟県生まれ。筑波大学第二学群人間学類心理学主専攻卒業。筑波大学大学院一貫制博士課程人間総合科学研究科修了。日本学術振興会特別研究員，北海道教育大学教育学部函館校専任講師を経て2015年4月より現職。
2011年，日本カウンセリング学会奨励賞（第35号）受賞。2013年，日本コミュニティ心理学会第16回大会学会発表賞（口頭発表部門）受賞。
主な著書は，『援助要請のカウンセリング──「助けて」と言えない子どもと親への援助』（金子書房），『援助要請と被援助志向性の心理学──困っていても助けを求められない人の理解と援助』（金子書房，共編著）など。

● 学校支援の現場からの一言

水野治久（みずの はるひさ）

大阪教育大学　教員養成課程　教授
主な著書は，『子どもと教師のための「チーム援助」の進め方』（金子書房），『援助要請と被援助志向性の心理学──困っていても助けを求められない人の理解と援助』（金子書房，監修），『よくわかる学校心理学』（ミネルヴァ書房，共編著）など。

● 本文イラスト

渡辺 柚（わたなべ ゆう）

北海道教育大学教育学部函館校4年次，本田研究室所属。

いじめに対する
援助要請のカウンセリング
「助けて」が言える子ども，「助けて」に気づける援助者になるために

2017年9月29日　初版第1刷発行　〔検印省略〕

著　者　　本田 真大
発行者　　金子 紀子
発行所　　株式会社 金子書房
　　　　　〒112-0012　東京都文京区大塚3-3-7
　　　　　TEL　03（3941）0111（代）　FAX　03（3941）0163
　　　　　振替　00180-9-103376
　　　　　http://www.kanekoshobo.co.jp
装幀・本文デザイン　　青山 鮎
印刷　　藤原印刷株式会社
製本　　株式会社宮製本所

©Masahiro Honda, 2017 Printed in Japan
ISBN 978-4-7608-2175-4 C3011